Giuseppina Bruscolotti

Gesù, Uomo

Giuseppina Bruscolotti

Gesù, Uomo

Il cuore di Gesù nella notte del Getsemani

Edizioni Sant'Antonio

Cover image: Fornito dall'autore

Publisher:
Edizioni Accademiche Italiane
is a trademark of
International Book Market Service Ltd., member of OmniScriptum Publishing Group
17 Meldrum Street, Beau Bassin 71504, Mauritius

Printed at: see last page
ISBN: 978-613-8-39235-4

Prefazione dell'autrice

Mi desta particolare interesse la notte che Gesù ha trascorso nel Getsemani immediatamente prima del suo arresto da parte delle guardie del Tempio. Filosofi, mistici, letterati, artisti, medici, psicologi, e così via, hanno da sempre manifestato attrazione per quanto è accaduto in quella notte e nei svariati stili e metodologie ne hanno riprodotto e interpretato la 'scena' in modo originale e, a volte, anche provocatorio. Effettivamente Gesù durante quella notte ha 'racchiuso' tutto il messaggio del Suo insegnamento e del Suo operato missionario. Lì Gesù ha detto il Suo sì definitivo, lì Gesù ha cambiato le sorti dell'intera umanità. Quella notte tenebrosa giunge ad ogni uomo e ad ogni donna per trasmettere messaggi imprescindibili per la vita: nelle occasioni di prova o di fallimento ci si 'rialza'; di fronte alle persecuzioni o delusioni si continua ad avanzare perché il Regno di Dio per cui si lavora lo esige; nelle circostanze di dolore non si cade nello scoraggiamento perché si 'lotta' pregando per ottenere il dono della vita; nell'incertezza angosciosa sul da 'farsi' si sceglie di assecondare il volere del Padre perché in esso è la realizzazione umana. Tutto questo e molto altro Gesù lo testimonia attraverso il vissuto tormentato e crudo della solitudine estrema di quella notte.

Allora, per entrare 'scientificamente' nel cuore dell''agonia del Getsemani', e per far dire ai Testi sacri che hanno riportato l''Evento', cosa è accaduto veramente quella notte e soprattutto quali sono i sentimenti provati da Gesù, propongo uno studio tecnico e meticoloso, ma espresso in modo semplice, delle pericopi di interesse. L'analisi della terminologia e della casistica verbale nonché il confronto con brani 'paralleli' consentono di penetrare più in profondità nel Gesù Uomo che già lì nel Getsemani ci ha dimostrato un amore che non può non sconvolgere per la sua intensità fino a farLo quasi morire. 'La Sacra Scrittura si spiega con la Sacra Scrittura', affermano i Padri della Chiesa, per cui abbondanti sono le anticipazioni e le risposte che all'interno di questo volume sono riportate e che rivelano come in tutta la Bibbia si parli dell''Evento del Getsemani'.

Avendo quindi studiato per l'edificazione personale l'Evento in questione, e ritenendo che ciò possa andare a beneficio spirituale e umano anche di altri, in questo lavoro mi propongo le tre finalità che mi sembrano prioritarie: un''oggettiva' conoscenza della Passione interiore di Gesù, l'esaudimento della preghiera di Gesù nel Getsemani e l'umanità di Gesù.

Giuseppina Bruscolotti

(Immagine di copertina: Via Crucis del Santuario dell'Amore Misericordioso di Collevalenza. Opera dello scultore Antonio Ranocchia. Foto di Luca Balducci.)

Premessa

Quando si pensa alla Passione di Gesù Cristo viene spontaneo condolersi di più durante quei passaggi in cui la descrizione della flagellazione, della coronazione di spine e della crocifissione rende la scena quanto mai assurda e terribilmente cruenta tanto da provare anche rabbia e orrore. Tuttavia, ci sono dei santi che hanno misticamente percepito il momento precedente alla Passione fisica, che è la 'sosta' nel Getsemani, come altrettanto violento e doloroso se non addirittura il più crudo e amaro della Passione. Tanto per citarne una, la Beata Speranza di Gesù così descrive il livello supremo dell'evento del Getsemani: "L'angoscia della morte sospinge tutta la massa del sangue al cuore fino a soffocarlo e ad impedirne l'attività; ne consegue un'afflizione, uno spavento, una tristezza tali da provarne agonia mortale. Nello sforzo che il cuore fa per svincolarsi da quella morsa tremenda, il sangue coagulato viene risospinto indietro con impeto violento. Tutto il corpo è percorso, alternativamente, da brividi di gelo e da vampe di fuoco. Ed Egli ne è spossato, ha gli occhi infiammati e il cuore che batte con violenza. La tremenda agonia termina con un abbondante sudore di sangue che trasuda con violenza da tutti i pori. Le dolorose gocce di sangue, che scorrono per il volto di Gesù ci danno una precisa idea della sua amara passione" (Beata Speranza di Gesù, *La Passione*). Anche la lettura che ne fanno i filosofi di questa 'sosta' di Gesù nel Getsemani mette in luce il ruolo particolare che ha significato questo patire di Gesù non meno intenso del resto della Passione fisica. Scrive Hegel in *Vita di Gesù*: "Dopo questi discorsi la compagnia si alzò, abbandonò Gerusalemme come al solito (intanto era venuta la notte), andò lungo il ruscello Cedron verso una masseria, di nome Getsemani, nei pressi del Monte degli Ulivi. Questo luogo della permanenza notturna di Gesù era noto anche a Giuda, poiché egli vi era stato spesso con Gesù. Questi disse ai suoi discepoli di restare uniti ed egli stesso, con tre di loro, se ne andò in un luogo più appartato per abbandonarsi ai suoi pensieri. Qui la natura rientrò nei suoi diritti per un poco, il pensiero del tradimento del suo amico, dell'ingiustizia dei suoi nemici e della durezza del destino che incombeva s'impadronì qui, nella solitudine della notte, di Gesù, lo scosse e lo riempì di paura. Egli pregò i suoi amici di restargli vicino e di vegliare con lui. Camminava inquieto su e giù, presto scambiava qualche parola con loro, li svegliava nuovamente se cadevano nel sonno, di tanto in tanto si appartava e pregò alcune volte: «Padre mio, se è possibile, allontana da me l'amaro calice di sofferenza che mi attende». Il sudore gli colava in grosse gocce. Quando fu di nuovo presso i suoi discepoli, mentre li esortava a vegliare, sentì che arrivavano degli uomini". Pensiamo anche all'altra testimonianza, ancor più suggestiva del filosofo Blaise Pascal che personalizza il messaggio della sofferenza di Gesù nel Getsemani e, ragionando sul sudore *come di sangue* immagina sentirsi rivolgere da Gesù le parole: "Quelle gocce di sangue, le ho versate per te" (*Pensieri*, VII, 553). Queste e altre testimonianze ci hanno istigato a fare un'analisi esegetica scrupolosa del racconto del Getsemani - che in questo lavoro preferiamo chiamare l''Evento del Getsemani' - per comprendere più in profondità quanto già in quel luogo Gesù abbia vissuto tutta la Sua atroce Passione. Ma come è avvenuto in seguito alla morte per crocifissione, anche lì Egli ha vinto sulla morte, anzi è proprio lì che Egli ha già vinto, per amore, ed è 'risorto'.

L'‘origine' del racconto

Chi ha riferito questo Evento del Getsemani? Di sicuro i tre Apostoli più prossimi a Gesù: Pietro, Giacomo e Giovani. A questo punto lascia molto pensare il fatto che dei quattro evangelisti proprio Giovanni non ne abbia voluto parlare! Eppure lui introduce l'Evento quando informa che *Gesù uscì con i suoi discepoli e andò di là dal torrente Cèdron, dove c'era un giardino nel quale entrò con i suoi discepoli*. Ma nel versetto successivo già si parla dell'arrivo di Giuda con i soldati per arrestare Gesù e quindi omette completamente la narrazione dell'Evento. Non abbiamo notizie in merito al perché Giovanni non riporti l'Evento (solo ne fa cenno in 12,27 come poi vedremo). Qui propendiamo nel supporre che Giovanni teneva nel cuore l'obbrobrio delle sofferenze di quella notte tali da non poter essere riferibili per iscritto, ma anche e soprattutto per rispettare quell'intimità che Gesù stesso ha ricercato dimostrando di preferire la compagnia dei soli tre apostoli Pietro, Giacomo e Giovanni, tenendo conto che anche da essi si è distanziato un po'.

Cap. 1

L'Orto del Getsemani

Orientiamoci geograficamente e teologicamente

Un podere chiamato Getsemani

L'Evento del Getsemani è riferito dagli evangelisti Matteo, Marco e Luca la cui lettura, proposta in sinossi, evidenzia la compiutezza della narrazione rendendo così possibile risalire alle tappe di quanto è avvenuto nel suo evolversi in quel luogo sacro. Il confronto scrupoloso dei brani sinottici ci permette di individuare l'inizio dello strazio di Gesù con il momento in cui Gesù "prende" con sé i tre discepoli Pietro, Giacomo e Giovanni. Questo momento è preceduto dalla descrizione della consuetudine da parte del Maestro e dei Suoi discepoli di frequentare l'Orto del Getsemani.

Testo italiano:

Mt 26,30.36	**Mc 14,26.32**	**Lc 22,39**
E dopo aver cantato l'inno, uscirono verso il monte degli Ulivi.	E dopo aver cantato l'inno, uscirono verso il monte degli Ulivi.	Uscito se ne andò, come al solito, al monte degli Ulivi; anche i discepoli lo seguirono.
Allora Gesù andò con loro in un podere, chiamato Getsèmani, e disse ai discepoli: "Sedetevi qui, mentre io vado là a pregare".	Giunsero intanto a un podere chiamato Getsèmani, e disse ai suoi discepoli: "Sedetevi qui, mentre io prego".	

Testo greco:

Mt 26,30.36	Mc 14,26.32	Lc 22,39
Καὶ ὑμνήσαντες	Καὶ ὑμνήσαντες	
ἐξῆλθον εἰς τὸ ὄρος	ἐξῆλθον εἰς τὸ ὄρος	Καὶ ἐξελθὼν ἐπορεύθη
		κατὰ τὸ ἔθος εἰς τὸ
τῶν ἐλαιῶν.	τῶν ἐλαιῶν.	**ὄρος τῶν ἐλαιῶν**,
		ἠκολούθησαν δὲ αὐτῷ
		καὶ οἱ μαθηταί.
Τότε ἔρχεται	Καὶ ἔρχονται εἰς	
μετ'αὐτῶν ὁ Ἰησοῦς		
εἰς χωρίον λεγόμενον	χωρίον οὗ τὸ ὄνομα	
Γεθσημανὶ καὶ λέγει	**Γεθσημανὶ** καὶ λέγει	
τοῖς μαθηταῖς·	τοῖς μαθηταῖς αὐτοῦ·	
καθίσατε αὐτοῦ ἕως	καθίσατε ὧδε ἕως	
[οὗ] ἀπελθὼν ἐκεῖ		
προσεύξωμαι.	προσεύξωμαι.	

... il monte degli Ulivi

Matteo e Marco narrano che *dopo aver cantato l'inno,* (*Gesù e i discepoli*) *uscirono verso il monte degli Ulivi*. Luca non specifica *dopo aver cantato l'inno*, ma aggiunge un dettaglio interessante: *come al solito*. Questa notizia riportata da tutti e tre gli evangelisti del loro recarsi al *monte degli ulivi* e, con l'ulteriore precisazione di Luca, fa prendere consapevolezza del fatto che Gesù e i discepoli si sono certamente recati al *monte degli Ulivi*. Luca nel capitolo precedente aveva anche fatto conoscere questa loro tradizione di recarsi lì quando narra che (*Gesù*) *durante il giorno insegnava nel tempio; la notte, usciva e pernottava all'aperto sul monte detto degli Ulivi*

(21,37). Anche la testimonianza di Giovanni che, seppur non riporti l'Evento del Getsemani, conferma la frequentazione di quel luogo da parte di Gesù prima di essere arrestato:

Detto questo, Gesù uscì con i suoi discepoli e andò di là dal torrente Cèdron, dove c'era un giardino nel quale entrò con i suoi discepoli. Anche Giuda, il traditore, conosceva quel posto, perché Gesù vi si ritirava spesso con i suoi discepoli. Giuda dunque, preso un distaccamento di soldati e delle guardie fornite dai sommi sacerdoti e dai farisei, si recò là con lanterne, torce e armi (Gv 18,1-3).

Come al solito, afferma Luca; *Gesù vi si ritirava spesso con i suoi discepoli*, secondo Giovanni. E la narrazione continua specificando la parte del Monte degli Ulivi frequentata da Gesù e dai discepoli: *un podere, chiamato Getsèmani*, secondo Matteo e Marco; *un giardino*, secondo Giovanni. Luca non specifica il nome (forse perché non ha la tendenza a usare termini aramaici), ma ci informa appunto sull'abitudine di frequentare il 'Monte degli Ulivi'.

Di quale sito del *monte degli Ulivi* si tratta precisamente? Perché era frequentato da Gesù e dai discepoli?
Intanto, il 'Monte degli 'Ulivi' è una montagna situata a est di Gerusalemme, alta circa 800 metri slm, e al tempo di Gesù rimaneva fuori delle mura della città. Per la precisione, il 'Monte' è costituito da tre cime: "Karmas-Sayyad" ("vigna del cacciatore", alta 818 m), "Djebel et Tur" (808 m ed è la parte centrale; l'etimologia vuol dire 'monte santo'), "Djebel Baten al-Hawa" ("monte del vento", alta 713 m). Dalla parte opposta a Gerusalemme il 'Monte' dà verso il deserto di Giuda che così scende fin

verso il Mar Morto. Tra il 'Monte' e Gerusalemme c'è invece la Valle del Cedron che Gesù ha percorsa (Gv 18,1), terminata l'Ultima Cena, e quindi dopo essere sceso giù dal 'Monte Sion'. A motivo della presenza plurimillenaria degli ulivi, il 'Monte' ha preso tale denominazione, 'degli Ulivi', ma la tradizione giudaica lo conosce anche come 'Monte dell'Unzione' perché l'olio prodotto grazie a quegli ulivi, veniva utilizzato per ungere i profeti e i re.

Il *Monte degli Ulivi* nella Bibbia e nella tradizione ebraica e cristiana

I Libri storici e profetici dell'Antico Testamento menzionano il 'Monte degli Ulivi' e dalla lettura delle relative ricorrenze deduciamo l'importanza storico teologica che il luogo aveva al tempo di Gesù (ed ha a maggior ragione in seguito alla vicenda terrena di Gesù).

Innanzitutto è il luogo che David sale per scappare dal figlio Assalonne che lo perseguitava:

Davide saliva l'erta degli Ulivi; saliva piangendo e camminava con il capo coperto e a piedi scalzi; tutta la gente che era con lui aveva il capo coperto e, salendo, piangeva (2Sam 15,30).

Lì vi si trovavano i monumenti alle divinità straniere che Salomone aveva fatto costruire e che re Giosia poi ha fatto distruggere:

Salomone costruì un'altura in onore di Camos, obbrobrio dei Moabiti, sul monte che è di fronte a Gerusalemme, e anche in onore di Milcom, obbrobrio degli Ammoniti (1Re 11,7).

Il re profanò le alture che erano di fronte a Gerusalemme, a sud del monte della perdizione, erette da Salomone, re di Israele, in onore di Astàrte, obbrobrio di quelli di Sidòne, di Càmos, obbrobrio dei Moabiti, e di Milcom, abominio degli Ammoniti (2Re 23,13).

È il luogo dove si dovevano prendere i rami di ulivo per la festa del 'settimo mese':

Uscite verso la montagna e portate rami di ulivo, rami di olivastro, rami di mirto, rami di palme e rami di alberi ombrosi, per fare capanne, come sta scritto (Ne 8,15).

Secondo il profeta Ezechiele è il punto sul quale si è stabilita la gloria del Signore:

I cherubini allora alzarono le ali e le ruote si mossero insieme con loro mentre la gloria del Dio d'Israele era in alto su di loro. Quindi dal centro della città la gloria del Signore si alzò e andò a fermarsi sul monte che è ad oriente della città (Ez 11,23).

Gioele annuncia che il 'Monte degli Ulivi' è il luogo che il Signore ha prescelto per il 'giudizio' futuro:

Chiunque invocherà il nome del Signore sarà salvato, poiché sul monte Sion e in Gerusalemme vi sarà la salvezza, come ha detto il Signore, anche per i superstiti che il Signore avrà chiamati.

... Poiché, ecco, in quei giorni e in quel tempo, quando avrò fatto tornare i prigionieri di Giuda e Gerusalemme, riunirò tutte le nazioni e le farò scendere nella valle di Giòsafat, e là verrò a giudizio con loro per il mio popolo Israele, mia eredità, che essi hanno disperso fra le genti dividendosi poi la mia terra (Gi 3,5; 4,1-2).

E nel Libro di Zaccaria si legge che lì inizierà il risveglio dei morti:

In quel giorno i suoi piedi si poseranno sopra il monte degli Ulivi che sta di fronte a Gerusalemme verso oriente, e il monte degli Ulivi si fenderà in due, da oriente a occidente, formando una valle molto profonda; una metà del monte si ritirerà verso settentrione e l'altra verso mezzogiorno (Zc 14,4).

In virtù di quest'ultima Parola profetica, nei pressi del Monte è sorto il cimitero dove, dai tempi biblici, sono sepolti gli ebrei di Gerusalemme. La tradizione giudaica extrabiblica riferisce che sul 'Monte degli Ulivi', in occasione del capodanno israelita, venivano accese delle luci che anche i giudei della diaspora potevano vedere (Mishna, *Rosh Ha-Shana* 2,4). Sempre lì veniva offerta in olocausto la vitella dal pelo rosso, le cui ceneri venivano usate per una mistura con l'acqua della sorgente Gicon, mistura impiegata per la purificazione di coloro che venivano a contatto con i defunti (Mishna, *Para* 3,6-7).

Oltre alla tradizione giudaica vi è quella cristiana che sin dai primi secoli testimonia la sacralità del luogo. Un 'anonimo' di Bordeaux annota nel suo *Itinerarium Burdigalense* di aver visitato nel 333 il luogo dell'Agonia di Gesù. Eusebio di Cesarea nello scritto *Onomasticon* attesta che il Getsemani è "ai piedi del Monte degli Ulivi" e che "i fedeli sono soliti ad andare là a pregare". Nel V secolo già vi sorgeva un edificio bizantino poi distrutto nel 746 da un evento sismico sui resti del quale i crociati vi hanno edificato una cappella poi abbandonata in conseguenza della dominazione islamica in età medievale. A partire dal 1681 il luogo è stato riabitato grazie ai francescani e gli stessi in seguito, per la precisione all'inizio del secolo scorso e grazie al contributo di molti paesi (per cui anche il titolo di "Chiesa delle nazioni"), vi hanno fatto erigere l'attuale "Chiesa dell'Agonia" (ad opera dell'architetto italiano Antonio Barluzzi). All'interno di essa si trova la **roccia** sulla quale Gesù ha pregato, ha 'combattuto', si è spaventato, ha sudato sangue ed ha acconsentito alla volontà del Padre.

Premesso tutto ciò e tornando al nostro interesse specifico, perché il luogo era abitualmente visitato da Gesù? Certamente per l'importanza storico religiosa che rivestiva e di cui abbiamo fornito i dati biblici e giudaici esistenti. Tuttavia, si possono anche proporre due altre ipotesi: una paesaggistica, l'altra pratica. Quella paesaggistica riguarda il fatto che dal 'Monte degli Ulivi' si gusta una panoramica totale, suggestiva ed emozionante della città di Gerusalemme. La motivazione pratica sta nel fatto che, venendo da Betania, il 'Monte degli Ulivi' era un luogo di transito obbligatorio e il tragitto dal 'Monte' a Gerusalemme era ammesso anche in giorno di Sabato perché costituito da un numero di passi che la Legge consentiva di effettuare nel giorno del *riposo*. Questo è il motivo certamente più accreditato per farci ritenere che chiunque venisse a Gerusalemme dal versante orientale utilizzasse quel posto per la sosta prima di accedere alla Città Santa anche di Sabato. Ciò è testimoniato dagli Atti degli Apostoli (1,12) nell'occasione in cui Gesù è appena asceso al cielo:

Allora ritornarono a Gerusalemme dal monte detto degli Ulivi, che è vicino a Gerusalemme quanto il cammino permesso in un sabato.

Così il 'Monte degli Ulivi' ha riguardato Gesù nel momento del suo ingresso messianico a Gerusalemme perché è specificato dai Sinottici che giunse a Betfage e Betania, poi *verso il monte degli Ulivi* dove mandò i discepoli a prendere un puledro (o asina) per servirsene per il Suo trasporto in città (Mt 21,1; Mc 11,1; Lc 19,29).

... un podere (o *giardino*) ***chiamato Getsèmani***

In seguito, dopo aver cenato per l'ultima volta con i Suoi discepoli e *cantato l'inno* corrispondente ad uno dei Salmi dell'Hallel della notte di Pasqua, Gesù è andato *come al solito* (tanto che Giuda ne era al corrente e lo raggiungerà lì con le guardie del tempio) in uno spazio ben preciso del 'Monte degli Ulivi': *un podere* (Mt e Mc) o *giardino* (Gv) *chiamato Getsèmani.*

Sia *podere* che *giardino* (anche se 'giardino' ha una connotazione più elegante rispetto a 'podere') ci fanno pensare ad uno spazio verde ben preciso nell'ambito della grande area del 'Monte degli Ulivi' e, per lo specifico (stando alle testimonianze cristiane), ubicato ai piedi del 'Monte', a confine con la valle del Cedron. Il termine aramaico *Getsèmani* vuol dire 'frantoio per l'olio', per cui si può ritenere a buon diritto che vi si lavorassero i frutti degli ulivi, piante caratterizzanti la zona. Ebbene, proprio qui è avvenuto l'Evento del ... Getsemani!

... anche i discepoli lo seguirono

Gesù andava al Getsemani con i discepoli e questo è riportato da tutti e quattro gli evangelisti. All'inizio dell'Evento, i discepoli sono infatti con Lui, ma la loro vicinanza fisica e numerica cambia a seconda delle narrazioni dei Vangeli sinottici.

Secondo Matteo e Marco Gesù ordina alla totalità dei discepoli di sedersi in un punto preciso ("qui"), mentre Lui va "là" a pregare. Secondo Luca la totalità dei discepoli arriva con Gesù al monte degli Ulivi e specifica che i discepoli *seguirono* Gesù lasciando intendere non un semplice stare con Gesù, ma l'adesione libera alla Sua sequela. E la sequela comporta anche incontrare e superare le prove ed essi hanno dimostrato già questo tipo di disponibilità verso il loro Maestro poiché proprio l'evangelista Luca riporta le parole pronunciate da Gesù agli apostoli durante la Cena pasquale: *voi siete quelli che avete perseverato con me nelle mie prove* (22,28).

Cap. 2

L'Evento del Getsemani nei Vangeli sinottici

Riportiamo di seguito il testo italiano e poi quello greco in perfetta sinossi che abbiamo ricavato dopo uno studio ed un confronto scrupolosi.

Testo italiano:

Mt 26,37-46	Mc 14,33-42	Lc 22,40-46
E presi con sé Pietro e i due figli di Zebedèo, **cominciò a provare tristezza e angoscia**.	Prese con sé Pietro, Giacomo e Giovanni e **cominciò a sentire spavento e angoscia**.	
		Giunto sul luogo,
Disse loro: "La mia anima è triste fino alla morte; restate qui e vegliate con me".	Gesù disse loro: "La mia anima è triste fino alla morte. Restate qui e vegliate".	disse loro:
		"Pregate, per non entrare in tentazione".
E avanzatosi un poco,	Poi, andato un po' innanzi,	Poi si allontanò da loro quasi un tiro di sasso e,
si prostrò con la faccia a terra	**si gettò a terra**	**inginocchiatosi,**
e pregava	**e pregava**	**pregava**:
	che, se fosse possibile, passasse da lui quell' ora.	
dicendo:	E diceva:	
"Padre mio, se è possibile, passi da me questo calice!	"*Abbà*, Padre! Tutto è possibile a te, allontana da me questo calice!	"Padre, se vuoi, allontana da me questo calice!
Però non come voglio io, ma come vuoi tu!".	Però non ciò che io voglio, ma ciò che vuoi tu".	Tuttavia non sia fatta la mia, ma la tua volontà".
Poi tornò dai discepoli e li trovò che dormivano.	Tornato indietro, li trovò addormentati	

E disse a Pietro: "Così non siete stati capaci di vegliare un'ora sola con me?	e disse a Pietro: "Simone, dormi? Non sei riuscito a vegliare un'ora sola?	
Vegliate e pregate, per non cadere in tentazione. Lo spirito è pronto, ma la carne è debole".	Vegliate e pregate per non entrare in tentazione; lo spirito è pronto, ma la carne è debole".	
E di nuovo, allontanatosi,	Allontanatosi di nuovo,	
		Gli apparve allora un angelo dal cielo a rafforzarlo. Giunto in agonia,
pregava	pregava	**pregava più intensamente**
dicendo: "Padre mio, se questo calice non può passare da me senza che io lo beva, sia fatta la tua volontà".	dicendo le medesime parole.	
		e il suo sudore diventò come gocce di sangue che cadevano a terra.
		Poi, rialzatosi dalla preghiera,
E tornato di nuovo trovò i suoi che dormivano,	Ritornato li trovò addormentati,	andò dai discepoli e li trovò che dormivano
perché gli occhi loro si erano appesantiti.	perché i loro occhi si erano appesantiti,	
		per la tristezza. E disse loro: "Perché dormite?
	e non sapevano che cosa rispondergli.	
		Alzatevi e pregate, per non

E lasciatili, si allontanò di nuovo e pregò per la terza volta, ripetendo le stesse parole.		entrare in tentazione".
Poi si avvicinò ai discepoli e disse loro:	Venne la terza volta e disse loro:	
"Dormite ormai e riposate! Ecco, è giunta l'ora nella quale il Figlio dell'uomo sarà consegnato in mano ai peccatori.	"Dormite ormai e riposatevi! Basta, è venuta l'ora: ecco, il Figlio dell'uomo viene consegnato nelle mani dei peccatori.	
Alzatevi, andiamo; ecco, colui che mi tradisce si avvicina".	Alzatevi, andiamo! Ecco, colui che mi tradisce è vicino".	

Testo greco:

Mt 26,37-46	Mc 14,33-42	Lc 22,40-46
καὶ παραλαβὼν τὸν Πέτρον καὶ τοὺς δύο υἱοὺς Ζεβεδαίου	καὶ παραλαμβάνει τὸν Πέτρον καὶ [τὸν] Ἰάκωβον καὶ [τὸν] Ἰωάννην μετ' αὐτοῦ **καὶ**	
ἤρξατο λυπεῖσθαι καὶ ἀδημονεῖν.	**ἤρξατο ἐκθαμβεῖσθαι καὶ ἀδημονεῖν**	
		γενόμενος δὲ ἐπὶ τοῦ τόπου
τότε λέγει αὐτοῖς·	καὶ λέγει αὐτοῖς·	εἶπεν αὐτοῖς·
περίλυπός ἐστιν ἡ ψυχή μου ἕως θανάτου· μείνατε ὧδε καὶ γρηγορεῖτε μετ' ἐμοῦ.	περίλυπός ἐστιν ἡ ψυχή μου ἕως θανάτου· μείνατε ὧδε καὶ γρηγορεῖτε.	
		προσεύχεσθε μὴ εἰσελθεῖν εἰς πειρασμόν.
καὶ προελθὼν μικρὸν	καὶ προελθὼν μικρὸν	καὶ αὐτὸς ἀπεσπάσθη ἀπ'

		αὐτῶν ὡσεὶ λίθου βολὴν
ἔπεσεν ἐπὶ πρόσωπον αὐτοῦ προσευχόμενος	**ἔπιπτεν ἐπὶ τῆς γῆς καὶ προσηύχετο**	**καὶ θεὶς τὰ γόνατα προσηύχετο**
	ἵνα εἰ δυνατόν ἐστιν παρέλθῃ ἀπ' αὐτοῦ ἡ ὥρα,	
καὶ λέγων·	καὶ ἔλεγεν·	λέγων·
πάτερ μου, εἰ δυνατόν ἐστιν, παρελθάτω ἀπ' ἐμοῦ τὸ ποτήριον τοῦτο·	αββα ὁ πατήρ, πάντα δυνατά σοι· παρένεγκε τὸ ποτήριον τοῦτο ἀπ' ἐμοῦ·	πάτερ, εἰ βούλει παρένεγκε τοῦτο τὸ ποτήριον ἀπ' ἐμοῦ·
πλὴν οὐχ ὡς ἐγὼ θέλω ἀλλ'ὡς σύ.	ἀλλ'οὐ τί ἐγὼ θέλω ἀλλὰ τί σύ.	πλὴν μὴ τὸ θέλημά μου ἀλλὰ τὸ σὸν γινέσθω.
καὶ ἔρχεται πρὸς τοὺς μαθητὰς καὶ εὑρίσκει αὐτοὺς καθεύδοντας,	καὶ ἔρχεται καὶ εὑρίσκει αὐτοὺς καθεύδοντας,	
καὶ λέγει τῷ Πέτρῳ· οὕτως οὐκ ἰσχύσατε μίαν ὥραν γρηγορῆσαι μετ' ἐμοῦ;	καὶ λέγει τῷ Πέτρῳ· Σίμων, καθεύδεις; οὐκ ἴσχυσας μίαν ὥραν γρηγορῆσαι;	
γρηγορεῖτε καὶ προσεύχεσθε, ἵνα μὴ εἰσέλθητε εἰς πειρασμόν·	γρηγορεῖτε καὶ προσεύχεσθε, ἵνα μὴ ἔλθητε εἰς πειρασμόν·	
τὸ μὲν πνεῦμα πρόθυμον ἡ δὲ σὰρξ ἀσθενής.	τὸ μὲν πνεῦμα πρόθυμον ἡ δὲ σὰρξ ἀσθενής.	
πάλιν ἐκ δευτέρου ἀπελθὼν	καὶ πάλιν ἀπελθὼν	
προσηύξατο λέγων·	προσηύξατο τὸν αὐτὸν λόγον εἰπών.	[ὤφθη δὲ αὐτῷ ἄγγελος ἀπ' οὐρανοῦ ἐνισχύων αὐτόν. καὶ **γενόμενος ἐν ἀγωνίᾳ ἐκτενέστερον προσηύχετο·**
πάτερ μου, εἰ οὐ δύναται τοῦτο παρελθεῖν ἐὰν μὴ αὐτὸ πίω, γενηθήτω τὸ θέλημά σου.		

		καὶ ἐγένετο ὁ ἱδρὼς αὐτοῦ ὡσεὶ θρόμβοι αἵματος καταβαίνοντες ἐπὶ τὴν γῆν.] καὶ ἀναστὰς ἀπὸ τῆς προσευχῆς
καὶ ἐλθὼν πάλιν εὗρεν αὐτοὺς καθεύδοντας, ἦσαν γὰρ αὐτῶν οἱ ὀφθαλμοὶ βεβαρημένοι.	καὶ πάλιν ἐλθὼν εὗρεν αὐτοὺς καθεύδοντας, ἦσαν γὰρ αὐτῶν οἱ ὀφθαλμοὶ καταβαρυνόμενοι,	ἐλθὼν πρὸς τοὺς μαθητὰς εὗρεν κοιμωμένους αὐτοὺς
		ἀπὸ τῆς λύπης, καὶ εἶπεν αὐτοῖς· τί καθεύδετε;
	καὶ οὐκ ᾔδεισαν τί ἀποκριθῶσιν αὐτῷ.	
		ἀναστάντες προσεύχεσθε, ἵνα μὴ εἰσέλθητε εἰς πειρασμόν.
καὶ ἀφεὶς αὐτοὺς πάλιν ἀπελθὼν προσηύξατο ἐκ τρίτου τὸν αὐτὸν λόγον εἰπὼν πάλιν.		
τότε ἔρχεται πρὸς τοὺς μαθητὰς καὶ λέγει αὐτοῖς· καθεύδετε [τὸ] λοιπὸν καὶ ἀναπαύεσθε·	καὶ ἔρχεται τὸ τρίτον καὶ λέγει αὐτοῖς· καθεύδετε τὸ λοιπὸν καὶ ἀναπαύεσθε·	
ἰδοὺ ἤγγικεν ἡ ὥρα καὶ ὁ υἱὸς τοῦ ἀνθρώπου παραδίδοται εἰς χεῖρας ἁμαρτωλῶν.	ἀπέχει· ἦλθεν ἡ ὥρα, ἰδοὺ παραδίδοται ὁ υἱὸς τοῦ ἀνθρώπου εἰς τὰς χεῖρας τῶν ἁμαρτωλῶν.	
ἐγείρεσθε ἄγωμεν· ἰδοὺ ἤγγικεν ὁ παραδιδούς με.	ἐγείρεσθε ἄγωμεν· ἰδοὺ ὁ παραδιδούς με ἤγγικεν.	

Le tappe dell'Evento del Getsemani

Come abbiamo accennato sopra, nel momento in cui Gesù *prende con sé Pietro, Giacomo e Giovanni*, ha inizio il Suo strazio interiore che Lo condurrà fin quasi a morire lì nel *podere chiamato Getsemani*. Per meglio entrare nell'ampiezza esistenziale e spirituale di questo Evento distinguiamo le varie tappe che lo costituiscono sulla base dei verbi relativi alle azioni compiute da Gesù. La scansione delle 'tappe' ci aiuta a comprendere più consapevolmente la tragicità del momento, l'unico in cui Gesù chiede sostegno e solidarietà ai discepoli (non lo farà nemmeno durante la Passione fisica) e lo fa per ben tre volte in un agitato andirivieni nell'area del Getsemani, nel cuore di una notte buia come non mai. Varcare l'ingresso del Getsemani in questo modo, ci farà sconvolgere nel costatare fino a che punto arriva l'amore, l'amore di Gesù per ogni essere umano.

Grazie alla lettura totale e parallela che abbiamo fatto dei Vangeli secondo Matteo, Marco e Luca possiamo risalire ad una descrizione 'completa' ed unitaria dell''Evento' e di ricavarne le 'tappe' attraverso la fedeltà al Testo e servendoci quindi dei verbi che esprimono i passaggi vissuti da Gesù.

I verbi che ci permettono di ricostruire le 'tappe' dell'Evento del Getsemani presentano tra l'altro una ricorrenza 'perfetta'. Tra l'inizio e la fine dell'episodio vi è la centralità della scena e in essa e nelle 'cornici' di essa, si ripetono regolarmente per tre volte gli stessi verbi.

Proponiamo di seguito lo schema che rende più palese la 'perfezione' della narrazione e ci permette di conoscere in modo più appropriato l'Evento del Getsemani che ha avuto un 'inizio' e poi si è sviluppato in tre 'momenti di preghiera privata' che si sono alternati regolarmente con tre 'dialoghi con i discepoli'.

Inizio	**1. Gesù e i tre discepoli**	Gesù prende con sé Pietro, Giacomo e Giovanni; ... **comincia** a rattristarsi, a spaventarsi e ad angosciarsi; ... confida ai tre discepoli il Suo stato interiore.
A	**2. I momento di preghiera privata**	Gesù si allontana; ...si inginocchia, si getta a terra e si prostra; ...prega.
B	**3. I dialogo con i discepoli**	Gesù torna dai tre discepoli e li trova; rimprovera; ... parla loro.
A	**4. II momento di preghiera privata**	Gesù si allontana; ... è confortato; ... diviene agonizzante; ... prega intensamente; ... suda come gocce di sangue; ... si rialza dalla preghiera.
B	**5. II dialogo con i discepoli**	Gesù torna dai tre discepoli; ...li trova; ... parla loro
A	**6. III momento di preghiera privata**	Gesù lascia i tre discepoli; ...si allontana; ... prega
B	**7. III dialogo con i discepoli**	Gesù torna dai tre discepoli; (li 'trova'); ... parla loro

Lo stesso schema fornito dei verbi espressi nella lingua greca ci fa ancor meglio apprezzare (anche se non si conosce il greco si può constatare la medesima grafia) la regolare ripetizione per tre volte degli stessi verbi.

Inizio	**παραλαμβάνω** (Mt 26,37; Mc 14,33) **ἄρχω λυπέω ἐκθαμβέω ἀδημονέω** (Mt 26,37; Mc 14,33) **λέγω** (M26,38; Mc 14,34)
A	**προέρχομαι / ἀποσπάω** (Mt 26,39; Mc 14,35; Lc 22,41) **πίπτω/τίθημι** (Mt 26,39; Mc 14,35/Lc 22,41) **προσεύχομαι** (Mt 26,39; Mc 14,35; Lc 22,41)
B	**ἔρχομαι** (Mt 26,40; Mc 14,37) **εὑρίσκω** (Mt 26,40; Mc 14,37) **λέγω** (Mt 26,40; Mc 14,37)
A	**ἀπέρχομαι** (Mt 26,42; Mc 14,39) **ἐνισχύω** (Lc 22,43) **γίνομαι** (ἐν ἀγωνίᾳ Lc 22,44) **προσεύχομαι** (Mt 26,42; Mc 14,39; Lc 22,44) **γίνομαι** (Lc 22,44 [ἐγένετο ὁ ἱδρὼς]) **ἀνίστημι** (Lc 22,45)
B	**ἔρχομαι** (Mt 26,43; Mc 14,40; Lc 22,45) **εὑρίσκω** (Mt 26,43; Mc 14,40; Lc 22,45) **λέγω** (Lc 22,46)
A	**ἀφίημι** (Mt 26,44) **ἀπέρχομαι** (Mt 26,44) **προσεύχομαι** (Mt 26,44)
B	**ἔρχομαι** (Mt 26,45; Mc 14,41) [**εὑρίσκω**] **λέγω** (Mt 26,45; Mc 14,41)

2.1 Inizio dell'"Evento del Getsemani"

2.1.1 Gesù prende con sé tre discepoli

Matteo	Marco	Luca
*E **presi** con sé Pietro e i due figli di Zebedèo,*	***Prese** con sé Pietro, Giacomo e Giovanni*	

Dopo aver lasciato la maggior parte dei discepoli seduti in un luogo loro indicato, Gesù fa alzare e prende con sé Pietro e i 2 figli di Zebedeo e ha inizio la Sua Passione interiore.

Pietro e i due figli di Zebedeo sono stati scelti per 'assistere' Gesù anche in altre occasioni particolari. Intanto rientrano nel numero dei primi quattro 'chiamati' insieme ad Andrea, fratello di Pietro (Mt 4,18.21; Mc 1,16.19; Lc 5,10); poi si consideri la loro presenza alla risurrezione della figlia di Giairo (Mc 5,37; Lc 8,51), alla Trasfigurazione (Mt 17,1; Mc 9,2; Lc 9,28), alla guarigione della suocera di Pietro e al pronunciamento del discorso escatologico che tra l'altro tiene proprio sul monte degli Ulivi (in questi ultimi due episodi è stato presente anche Andrea, Mc 1, 29; 13,3). Se si eccettua il luogo della 'chiamata', in tutte queste circostanze Gesù si trova "in disparte" con i 3 scelti apostoli (in casa di Pietro, di Giairo e sul monte della Trasfigurazione) e, a parte il discorso escatologico che comunque ha per oggetto qualcosa di terrificante, le situazioni hanno a che vedere con la manifestazione del divino e con la vita 'restituita', ovvero con esperienze straordinarie e quindi indimenticabili. Questi tre apostoli sono in definitiva scelti ancora una volta da Gesù per esserGli più vicino nell'Evento del Getsemani, Evento caratterizzato sia dalla teofania che dalla vittoria della vita sulla morte.

2.1.2 Gesù comincia a rattristarsi, a spaventarsi e ad angosciarsi

... tristezza, spavento e angoscia

Matteo	Marco
cominciò a rattristarsi ***e ad angosciarsi***	***e cominciò ad essere spaventato*** ***e ad angosciarsi***
ἤρξατο λυπεῖσθαι **καὶ ἀδημονεῖν**	**καὶ ἤρξατο ἐκθαμβεῖσθαι** **καὶ ἀδημονεῖν**

Entriamo, per quanto è possibile, nel cuore di Gesù in questo che è il momento cruciale della sua vita. Entriamo nel 'cuore' dell'Evento del Getsemani.

Dallo schema sopra riportato evinciamo che l'evangelista Matteo mette in risalto il rattristarsi di Gesù, mentre Marco evidenzia lo stato di spavento provato da Gesù. Entrambi gli evangelisti riportano il tormento dell'angoscia che intensifica i rispettivi sentimenti della tristezza e dello spavento.

Per evitare di dire ciò che la Sacra Scrittura non vuole dire in merito a questo che è il più delicato dei momenti della vita di Gesù, ci avvaliamo dell'analisi linguistica e della casistica dei verbi e dei sostantivi per apprezzare lo spessore dei sentimenti di Gesù.

... cominciò a rattristarsi

Il verbo greco (**λυπέω**) ***rattristare, addolorare*** ricorre **26** volte nel NT. Usato in contesti e per soggetti diversi, esprime sempre un'emozione intensa con annesso disagio, sconforto, dolore e delusione.

La prima volta che si incontra è relativo ad un episodio molto negativo, ma il significato è lo stesso di un sentimento di dolore misto a delusione. Si tratta del momento in cui la figlia di Erodiade chiede ad Erode la testa di Giovanni Battista. Erode che non intendeva uccidere il Battista per timore del popolo che *lo considerava un profeta* (Mt 14,5), alla richiesta della nipote *fu* ***contristato****, ma a causa del giuramento e dei commensali ordinò che le fosse data* (Mt 14,9). È un sentimento forte quello che prova Erode se non per il dispiacere della morte del Battista, di certo per il discredito che avrebbe ricevuto da parte dei sudditi.

Il verbo 'rattristarsi' viene anche usato dagli evangelisti per evidenziare il dolore interiore provato dagli apostoli nell'occasione dell'annuncio da parte di Gesù della Sua Passione e Morte. Benché con esso Gesù annunci anche la Risurrezione, però *essi furono* ***molto rattristati*** (Mt 17,23). Così medesimamente è indicato lo sconforto degli apostoli all'annuncio del tradimento da parte di uno di loro: *Ed essi,* ***addolorati profondamente****, incominciarono ciascuno a domandargli: "Sono forse io, Signore?"* (Mt 26,22; Mc 14,19). Gesù inoltre anticipa loro lo stato di disorientamento che li colpirà in seguito alle prove che subiranno dopo la Risurrezione per cui i loro cuori saranno 'rattristati'. Garantisce anche che dopo ciò sopraggiungerà la gioia, ma prima dovranno appunto passare attraverso questo stato di prostrazione provato da Lui stesso: *In verità, in verità vi dico: voi piangerete e gemerete, ma il mondo si rallegrerà. Voi* ***vi rattristerete****, ma la vostra tristezza si cambierà in gioia* (Gv 16,20).

Il 'rattristarsi' tutto personale e particolare l'ha provato l'apostolo Pietro quando si è sentito rivolgere da Gesù per tre volte la domanda "*mi ami tu*?". Pietro era consapevole della delusione che per tre volte aveva arrecato a Gesù rinnegandolo lì presso il cortile del sommo sacerdote e per questo motivo, deluso di se stesso, *Pietro rimase* ***rattristato*** *che per la terza volta gli dicesse: Mi vuoi bene?* (Gv 21,17).

In altre due occasioni nei Vangeli leggiamo lo stato di disappunto interiore espresso con il verbo *rattristare* (**λυπέω**) e precisamente nel momento in cui il "giovane ricco" alla proposta di una sequela radicale di Gesù *se ne andò* ***rattristato****, poiché aveva molti beni* (Mc 10,22) e l'altra nella narrazione della "parabola del debitore disumano", di colui cioè che era stato condonato di un debito enorme e che invece a sua volta si era dimostrato spietato nei riguardi di uno che gli doveva pochi spiccioli per cui *gli altri servi* ***furono rattristati*** *e andarono a riferire al loro padrone tutto l'accaduto* (Mt 18,31).

Le altre ricorrenze del verbo sono riportate nelle Lettere di san Paolo e di san Pietro e come comune denominatore hanno i patimenti interiori causati dalle notizie di problemi o persecuzioni riguardanti le comunità da loro fondate o di loro conoscenza.

Nella seconda Lettera ai Corinzi Paolo fa cenno ad un individuo la cui condotta "***ha rattristato***" lui e "*tutti*" per cui scrive *in un momento di grande afflizione e col cuore angosciato, tra molte lacrime, però non per* ***rattristare****,* ma per far conoscere l'affetto immenso che nutre per i destinatari (2Cor 2,2.4.5). E qualche capitolo dopo, al settimo precisamente, riprende questo motivo dell'aver "rattristato" la comunità destinataria della Lettera, ma questo "rattristarsi" ha portato i lettori a fare un vero e proprio cammino di conversione *perché la tristezza secondo Dio produce un pentimento irrevocabile che porta alla salvezza, mentre la tristezza del mondo produce la morte* (2Cor 7,8-9). Questa è la 'logica' della santa contraddizione che distingue i credenti in Cristo: ***tristi****, ma sempre lieti; poveri ma capaci di arricchire molti; gente che non ha nulla e invece possiede tutto*! (2Cor 6,10).

Mentre nella seconda Lettera ai Corinzi cui abbiamo fatto cenno ora, Paolo fa ruotare il messaggio intorno all'atto del rattristarsi che ha vissuto in prima persona, in altre Lettere ne fa riferimento per ragioni diverse. Nella Lettera ai Romani cita il verbo per indicare lo sconcerto di colui che rimane deluso, ***rattristato*** nel vedere i credenti mangiare cibi 'impuri' (Rm 14,15). Nella prima Lettera ai Tessalonicesi ne fa menzione a proposito dell'atteggiamento dei cristiani nei confronti della morte perché non possono essere ***tristi*** *come gli altri che non hanno speranza* (1Ts 4,13). E ancora nella Lettera agli Efesini l'Autore, nel considerare i pericoli che minacciano l'unità della Chiesa, esorta i destinatari a non ***rattristare*** *lo Spirito Santo di Dio* cedendo a tutto ciò che invece nuoce all'unità come l'asprezza, lo sdegno, l'ira, la maldicenza, ma ad essere *benevoli gli uni verso gli altri, misericordiosi* (Ef 4,30-32).

L'unico uso che ne fa l'apostolo Pietro è nella sua prima Lettera in cui mette in guardia i credenti che si trovano ad *essere* ***rattristati*** *da varie prove* e vuole incoraggiarli perché la fede viene provata, ma per un fine glorioso che è la "salvezza delle anime" (1Pt 1,6-9).

e ***cominciò ad essere spaventato***

Il verbo greco (ἐκθαμβέω) 'spaventarsi, meravigliarsi' ricorre 3 volte nel NT ed è esclusivamente utilizzato dall'evangelista Marco. Per esprimere l'atto dell'aver paura nel NT è usata un'altra radice (φοβέω), ma il verbo in questione (ἐκθαμβέω) oltre ad esprimere un'emozione molto intensa, presenta anche significati non necessariamente negativi.

L'evangelista Marco usa per la prima volta il verbo dello 'spavento' e della 'meraviglia' in occasione della guarigione dell'epilettico indemoniato. Gesù è appena sceso dal monte della Trasfigurazione con Pietro Giacomo e Giovanni e si reca con loro presso il gruppo degli altri discepoli che è circondato da molta folla e da alcuni scribi. *E subito tutta la folla, al vederlo,* ***fu presa da meraviglia (spavento)*** *e corse a salutarlo* (Mc 9,15).

Non è certo il motivo per cui la folla è stata colta da meraviglia. Forse non si aspettava l'arrivo di Gesù? Forse era in stato di ansia a causa del fatto che si è presentato il caso di un indemoniato che i discepoli non sono riusciti a liberare? Sta di fatto che esprime un atteggiamento forte e unanime perché la folla *corse a salutarlo* e poi conosciamo il seguito per cui Gesù ricompensa tale accoglienza liberando e sanando l'epilettico indemoniato. La seconda occasione in cui si ripete il verbo, questa volta invece in tutta la sua tragicità, è nell'Evento del Getsemani che stiamo affrontando in tutto questo volume. Ma nella terza ricorrenza il significato è positivo e strabiliante e lo leggiamo relativamente alla Risurrezione. Maria di Màgdala, Maria madre di Giacomo e Salome vanno al sepolcro con gli oli aromatici ed entrate nel sepolcro *videro un giovane, seduto sulla destra, vestito d'una veste bianca, e* ***furono spaventate****. Ma egli disse loro: non* ***siate spaventate!*** *Voi cercate Gesù Nazareno, il crocifisso. È risorto, non è qui* (Mc 16,5-6). Nelle edizioni attuali della Bibbia si legge per lo più "ebbero paura" e "non abbiate paura!". Ma in realtà non si tratta del verbo che esprime paura (φοβέω), ma del verbo che esprime spavento e meraviglia (ἐκθαμβέω). Il verbo della 'paura' lo incontriamo infatti nella stessa pericope della Risurrezione e precisamente al termine quando le donne *fuggirono tremanti e stupite, e non dissero nulla a nessuno: infatti* ***avevano paura*** (φοβέω, Mc 16,8). L'atto interiore percepito dalle donne non è lo stesso: al vedere il *giovane* nel sepolcro ***furono spaventate***, all'idea di dover parlare con altri del sepolcro vuoto ***avevano paura***. Il verbo che descrive lo *spavento* è quindi un verbo che può contenere in sé anche l'aspetto della meraviglia e quindi di positività a differenza della *paura* che invece contiene in sé immancabilmente un riscontro negativo. Approfondiamo. Il verbo greco spaventare / meravigliare (ἐκθαμβέω) è un verbo composto (ἐκ + θαμβέω) dalla preposizione che esprime provenienza (ἐκ = da) più la radice verbale vera e propria (θαμβέω). Nel NT la sola radice è usata solo tre volte e può significare: *meravigliarsi / stupirsi*. Sempre e solo l'evangelista Marco ne fa uso. Al primo capitolo la usa per esprimere lo *stupore* che aveva còlto i presenti al primo esorcismo effettuato da Gesù (Mc 1,27) e due volte al capitolo 10 per manifestare lo *stupore* dei discepoli nei riguardi del discorso sulla sequela di Gesù, sequela che prevede la rinuncia alle ricchezze e agli affetti, le persecuzioni e *la vita eterna* (Mc 10,24-32).

Questo discorso sulla somiglianza dei due verbi (ἐκθαμβέω e θαμβέω) serve per dimostrare la maggiore intensità che esprimono i verbi composti con la preposizione 'da' (ἐκ). Ci spieghiamo meglio. La preposizione 'da' (ἐκ) unita alle radici verbali può avere due significati: 1)movimento di uscita; 2)intensificazione dell'azione. Due esempi per i rispettivi due significati:

1)'gettare, mettere, versare' è reso in greco con una radice (βάλλω) alla quale se viene preposta la preposizione 'da' (ἐκ) cambia significato esprimendo un movimento di fuoriuscita. Diventa infatti equivalente a 'scacciare, espellere, rimuovere'(ἐκβάλλω).

2)'spendere' in greco è espresso con una radice (δαπανάω) alla quale se si premette la preposizione 'da' (ἐκ) intensifica il senso e si ottiene 'spendere completamente / dare tutto se stessi'(ἐκδαπανάω).

Questi esempi e ragionamenti ci permettono di avere una maggiore consapevolezza dell'intensità dell'emozione dello *spavento / meraviglia* provati da Gesù.

Un'altra conferma ci viene dal sostantivo e aggettivo che nel NT esprimono lo spavento e la meraviglia insieme. È soltanto San Luca a usarli. Anche in questo caso c'è una differenziazione: il sostantivo è riportato con la sola radice (θάμβος), mentre l'aggettivo è costruito con la preposizione 'da' (ἔκθαμβος). Come sostantivo, nel Vangelo di Luca esprime lo spavento per il buon esito della formula esorcistica pronunciata da Gesù (4,36) nonché la meraviglia per la pesca miracolosa (5,9) e negli Atti degli Apostoli palesa lo stato di stupore della gente al vedere lo storpio sanato da Pietro (3,10). L'unica volta che viene usato l'aggettivo *spaventato / meravigliato* (ἔκθαμβος), è nel versetto successivo a quello appena menzionato e rafforza il messaggio della conseguenza della guarigione dello storpio riferendo che *tutto il popolo **meravigliato** accorse verso di loro al portico detto di Salomone* (At 3,11).

e angosciarsi

Il verbo greco (ἀδημονέω) che traduciamo con *provare angoscia, ansia o essere turbato* ricorre solo tre volte nel NT. Due volte lo si legge nell'Evento del Getsemani (Mt 26,37; Mc 14,33) ed una volta in una Lettera paolina. In quest'ultima Paolo fa presente lo stato di angoscia in cui si trova il suo "fratello, compagno di lavoro e di lotta", Epafrodìto, a causa del fatto che i Filippesi sanno del suo stato di grave malattia per cui è stato vicino a morire, ma Dio ha avuto misericordia di lui e, fin quando non si mostra ai Filippesi risanato, non si libera da questo stato d'angoscia pensandoli in pena per lui. Scrive infatti Paolo che Epafrodìto *Aveva grande desiderio di rivedere voi tutti e **si angosciava** perché eravate a conoscenza della sua malattia* (Fil 2,26).

Il motivo di questo studio terminologico

Questo studio terminologico riteniamo ci aiuti un po' più a percepire l'intensità dei tre stati psico-emotivi nei quali Gesù è entrato: la tristezza, lo spavento e l'angoscia. Soprattutto possiamo risalire all'origine che ha scatenato lo stato di tristezza. La tristezza può essere infatti causata da molteplici fattori (malattia, infortunio, imprevisto, morte, ...) ma, esaminate le ricorrenze del sostantivo 'tristezza' e del verbo 'rattristarsi' nel NT, possiamo asserire che l'origine di essi ha un comune denominatore: la profonda delusione provata in conseguenza dell'atteggiamento altrui. Quindi, alla già provata interiorità, delusa e triste, si aggiunge il turbamento psichico forte e improvviso che è lo spavento il quale, seppur può evolvere positivamente (come abbiamo visto sopra), in questo caso sfocia nel terzo 'passaggio' che è l'angoscia. Questo stato psichico cosciente misto di ansia, apprensione e paura che è l'angoscia, è riportata da tutti e due gli evangelisti Matteo e Marco che completano così il quadro dei sentimenti di Gesù che, in quanto uomo, pensa di non riuscire a dominare e si apre alla confidenza con i Suoi tre 'scelti' discepoli.

2.1.3 Gesù confida ai tre discepoli il Suo stato interiore

Matteo	Marco	Luca
Disse loro: *"La mia anima è triste* ***fino alla morte;***	*Gesù disse loro:* *"La mia anima è triste* ***fino alla morte.***	*disse loro:*

Non sono molto presenti i riferimenti all'interiorità di Gesù, ma ci sono! È vero che la cultura giudaica sa che la confidenza si deve solo a Dio. Tanto per citare due esempi: *Benedetto l'uomo che confida nel Signore* (Ger 17,7) oppure *Beato l'uomo che ha posto la sua fiducia nel Signore* (Sal 40,5). Tuttavia, ricordiamoci della commozione che Gesù ha esternato in occasione della morte di Lazzaro (Gv 11,33.35) e del pianto che non ha trattenuto per le sorti di Gerusalemme (Lc 19,41). Ma nel Getsemani il Suo dolore interiore giunge al colmo tanto da farlo sentir 'morire' e da farlo aprire alla confidenza con i suoi tre 'sostenitori'. Anche se è esplicitato successivamente, Gesù sta già pregando perché nel rivelare il Suo cuore che sta per venir meno, lo fa con le parole del Salmo 43 (v. 5), Salmo che implora il soccorso divino e, in anticipo di qualche secolo, presenta la situazione di Gesù nel Getsemani. Questo l'intero Testo:

Fammi giustizia, o Dio, difendi la mia causa contro gente spietata; liberami dall'uomo iniquo e fallace. Tu sei il Dio della mia difesa; perché mi respingi, perché triste me ne vado, oppresso dal nemico? Manda la tua verità e la tua luce; siano esse a guidarmi, mi portino al tuo monte santo e alle tue dimore. Verrò all'altare di Dio, al Dio della mia gioia, del mio giubilo. A te canterò con la cetra, Dio, Dio mio. ***Perché ti rattristi, anima mia, perché su di me gemi****? Spera in Dio: ancora potrò lodarlo, lui, salvezza del mio volto e mio Dio.*

I tre discepoli hanno quindi il privilegio (e la responsabilità) di conoscere lo stato dell'anima di Gesù perché Egli pronuncia loro la desolante espressione *La mia anima è triste* (Mt 26,38; Mc 14,34), espressione questa che si ripete più volte nel Salmo 42 ed una nel 43, Salmi che originariamente erano considerati un tutt'uno e che esprimono lo stato d'angoscia dell'esiliato che si trova lontano dal Tempio dove risiede la presenza del Signore. Le parole con cui l'Autore del Salmo esprime la sua afflizione sono fatte proprie da Gesù che vi aggiunge un dettaglio che rende ancor più drammatica la confidenza: *fino alla morte*. **Gesù sta cioè chiedendo aiuto ai tre discepoli perché il suo stato di dolore interiore è così violento che si sente morire**.

Tuttavia, nel far presente il Suo dolore interiore, Gesù insegna ai discepoli che, nonostante sia necessario il sostegno fraterno, in realtà il vero aiuto viene solo da Dio. Ecco quindi che intima ai discepoli di fare altrettanto.

Matteo	Marco	Luca
*restate qui e **vegliate** con me".*	*Restate qui e **vegliate**".*	*"**Pregate,** per non entrare in tentazione".*

... restate qui

Anche nell'utilizzo dei verbi di movimento si nota un atteggiamento diverso che Gesù chiede al gruppo 'ampio' dei discepoli rispetto al gruppo 'ristretto' dei tre, Pietro Giacomo e Giovanni. All'insieme dei discepoli giunti con Lui al Getsemani -come abbiamo visto sopra- ordina infatti di 'sedersi' (Mt 26,36; Mc 14,32), mentre ai 3 'sostenitori' ordina di 'rimanere' (Mt 26,38; Mc 14,34). Nel primo caso la radice del verbo greco (καθίζω) tradotta con "sedersi" (o "far sedere") può avere anche il significato di 'rimanere', oppure di 'stabilire', 'insediare' (nel senso di dare potere). Ma la radice del verbo greco (μένω, usato ben 118 volte nel NT) tradotta qui con "rimanere" (o "stare") può significare anche 'abitare', 'durare', 'resistere', 'continuare', 'aspettare'. Questa specificazione dei significati dei due verbi ci permette di chiarire che la volontà di Gesù consisteva decisamente nel chiedere ai tre discepoli un tipo di sostegno maggiore rispetto alla totalità del gruppo. In un certo senso, a questo momento li aveva preparati nelle occasioni in cui -come abbiamo già osservato- avevano assistito a manifestazioni particolari del ministero di Gesù.

Vegliate con me ... pregate, per non entrare in tentazione

I due imperativi "vegliate" e "pregate" ricorrono abbinati insieme anche in altri contesti biblici. 'Vegliare' significa propriamente 'rinunciare a dormire', in relazione al sonno notturno. Soprattutto la letteratura sapienziale fa uso di questo verbo per alludere al servizio che svolge la sentinella di notte per avvertire dell'eventuale avvicinarsi del nemico (Sal 127,1b), o l'uomo che si dilunga nell'attività lavorativa (Sal 127,2), oppure colui che indaga sulla sapienza del Signore e quindi "si alza di buon mattino" o "veglia a causa sua" (Sap 6,14-15), o l'uomo che "veglia ogni giorno" e presta così ascolto alla sapienza divina. Nei Vangeli Gesù in diverse occasioni esorta alla 'veglia' o 'vigilanza' e lo fa servendosi di immagini quali quelle del ladro che entra nelle case di notte (Mt 24,43) o del padrone di casa che arriva inaspettatamente senza preavviso (Mc 13,35), immagini che alludono alla chiamata individuale ... decisiva. Oppure invita ad essere vigili per attendere il ritorno del "figlio dell'uomo" nei tempi escatologici (Mc 13,33-37; Mt 24,42) e pronti, oltre che vigili, all'arrivo dello "sposo" che intende celebrare l'alleanza con chi lo sa attendere (Mt 25). Pensiamo quanto questo insegnamento abbia influenzato il cuore e la ... penna di san Paolo! Nella prima Lettera ai Tessalonicesi dedica un discreto spazio al tema della vigilanza presentandola come caratteristica che contraddistingue i cristiani specie quando afferma: *non dormiamo come gli altri, ma vigiliamo e siamo sobri* (1Ts 5,6), come anche nella Lettera ai Romani dove invita i lettori a *svegliarsi dal sonno* (Rm 13,11). Come Gesù (Lc 21,34; Mt 25) anche san Paolo (Rm 13,12-13) propone di 'alleggerirsi' di quei beni o atteggiamenti che potrebbero indebolire il credente e non renderlo in grado di poter vigilare.

La veglia è accompagnata dalla preghiera: *e pregate*! Il verbo pregare (προσεύχομαι) ricorre 85 volte nel NT e, relativamente ai Vangeli sinottici e all'uso che ne emerge a proposito del rapporto di Gesù con l'azione del 'pregare', si presenta come riportiamo schematicamente di seguito:

Attività orante	**Brani**
Gesù invita a pregare o ordina di pregare	Mt 5,44; 24,20; **26,41*** Mc 11,24; 13,18; **14,38** Lc 6,28; **22,40.46**
Gesù indica l'atteggiamento giusto da assumere nella preghiera	Mt 6,5 (2v); 6,6 (2 v); 6,7 Mc 11,25 Lc 18,1; 18,10.11
Gesù insegna la preghiera del Padre nostro	Mt 6,9 Lc 11,2
Gesù prega sul monte, **in disparte**, *durante il Battesimo e la Trasfigurazione*, **nel Getsemani**	Mt 14,23; **26,36.39.42.44** Mc 1,35; 6,46; **14,32.35.39** Lc *3,21*; 5,16; 6,12; 9,18; *9,28.29*; 11,1; **22,41.44**
Gesù riceve dei bambini che Gli vengono portati perché imponga loro le mani e preghi	Mt 19,13
Gesù critica la preghiera fatta per ostentazione	Mc 12,40 Lc 20,47
Gesù è interpellato da uno dei discepoli perché insegni loro a pregare	Lc 11,1

(* Le citazioni in neretto riguardano l'Evento del Getsemani)

Un altro verbo viene usato -soprattutto da Luca- per indicare l'azione del pregare (δέομαι), ma si tratta di un verbo che ha più significati, come *supplicare*, *chiedere* ed è usato per lo più da quanti si rivolgono accoratamente a Gesù perché faccia loro il miracolo. Invece, relativamente a Gesù, l'uso è finalizzato all'invito alla preghiera per ottenere il dono *degli operai per la messe*. Ecco lo schema:

Gesù invita a pregare il padrone della messe perché mandi operai nella messe	Mt 9,38 Lc 10,2
Gesù ordina di vegliare e pregare	Lc 21,36
Gesù ha pregato per Pietro	Lc 22,32
Un uomo chiede aiuto a Gesù per il figlio tormentato da uno spirito	Lc 9,38.40
Un lebbroso supplica Gesù perché lo purifichi	Lc 5,12
Un indemoniato si rivolge a Gesù	Lc 8,28.38

Questi due quadri riassuntivi ci permettono di dedurre che l'evangelista Luca è colui che fa maggiormente riferimento alla pratica della preghiera e che, relativamente alla persona di Gesù, la casistica del verbo *pregare* si concentra soprattutto in occasione dell'*Evento del Getsemani*. Fatta eccezione per il contesto delle feste giudaiche (che tuttavia non deduciamo dalla ricorrenza verbale) e per il Battesimo nel Giordano (Lc 3,21), Gesù è solito pregare in disparte, da solo, o in compagnia dei tre privilegiati apostoli. Gesù è membro attivo della comunità: partecipa alle liturgie del popolo giudaico, insegna nel tempio, percorre strade, frequenta le rive del lago di Galilea dove si svolgono gli scambi commerciali, accoglie le folle e le istruisce, riceve malati e li guarisce. Gesù vive la quotidianità pienamente inserito nella società civile e religiosa, ma ricerca di notte o al mattino presto posti solitari dove pregare intimamente il Padre. Così, nel momento decisivo della Sua vita, lì nel Getsemani, prega, in luogo appartato non distante dai tre apostoli, ma anche invita con autorevolezza e insistenza a pregare. Lui lo ha fatto nel corso della vita, lo ha suggerito di fare anche indicandone gli atteggiamenti consoni e le parole giuste, ed ora che i discepoli hanno più bisogno che mai lo chiede animosamente. Si, Gesù non specifica di pregare per Lui, ma solo dice all'imperativo *pregate!*: si premura che non soccombano allo scandalo del Suo arresto.

... per non entrare in tentazione

Il verbo greco (εἰσέρχομαι) che traduciamo qui con "entrare" potrebbe essere tradotto anche con "portar dentro", "condurre dentro", esprime comunque un'azione di movimento verso un luogo fisico o, come in questo caso, spirituale. Ma ciò che ci interessa maggiormente è il sostantivo "tentazione". "Tentazione" è resa in greco con un sostantivo (πειρασμός) il cui relativo verbo (πειράζω) può essere indistintamente tradotto con "provare" o "tentare". Parlare quindi di "prova" o di "tentazione" potrebbe sembrare indifferente. Ma pensando al fatto che il relativo participio (πειράζων) si traduce con 'tentatore' e che è usato in Mt 4,3 in occasione delle tentazioni di Gesù nel deserto e il 'tentatore' in quel contesto è il diavolo, preferiamo tradurre qui con "tentazione" indicando un 'agente' esterno che si intrometterebbe nella vita dei discepoli e che potrebbe indurli a cedere se non si premunissero di un''armatura' solida. Di conseguenza pensiamo invece che "prova" è più indicata per trasmettere il significato della "prova" che Dio stesso richiede per valutare la fede dei Suoi servi. Per es. circa Abramo è scritto che *Dio mise alla prova Abramo* e la LXX traduce il verbo ebraico con lo stesso utilizzato nel nostro brano dell'Evento del Getsemani (πειράζω), ma è per l'appunto un significato diverso. Un altro motivo per cui riteniamo più coerente tradurre "tentazione" anziché "prova" è dovuto al fatto che nella Lettera di Giacomo è dichiarato che *Dio non tenta* (πειράζω) *nessuno* (Gc 1,13). Poiché Gesù intima loro di *vegliare e pregare per non entrare in tentazione*, non si può pensare che li metta in guardia da un'iniziativa che il Padre vorrebbe attuare, quanto piuttosto dalla malizia che si potrebbe insinuare nei loro cuori e nei loro pensieri in questa 'ora' decisiva per Gesù e ... per loro!

2.2 Primo momento di preghiera privata

2.2.1 Gesù si allontana

Matteo	Marco	Luca
E avanzatosi un poco,	*Poi, andato un po' innanzi,*	*Poi si allontanò da loro quasi un tiro di sasso e,*

Gesù, nonostante abbia "preso" con sé Pietro Giacomo e Giovanni, avverte la necessità di allontanarsi anche da loro, e, secondo il racconto di Matteo e di Marco avanza un po'(**προέρχομαι** = andare avanti, precedere) senza specificare la distanza. Luca invece specifica che Gesù si "separa" (**ἀποσπάω** = separare, allontanare) da loro *un tiro di sasso* (cioè 20 / 25 metri?) ovvero ad una distanza tale per cui può vivere la Sua intimità nella preghiera al Padre e nello stesso tempo essere nel raggio dello sguardo dei discepoli.

2.2.2 Gesù si inginocchia, si getta a terra e si prostra

Matteo	Marco	Luca
si prostrò con la faccia a terra	***si gettò a terra***	***inginocchiatosi,***

Siamo a conoscenza dell'importanza che riveste ancora oggi nel mondo semitico la posizione del corpo durante la preghiera perché non solo lo spirito del credente è coinvolto, ma tutto l'essere umano, mente cuore e corpo, costituisce un *unicum* che si rivolge alla divinità. In questa 'ora', tuttavia, più che adeguarsi agli usi del suo tempo e della sua gente, Gesù presenta degli atteggiamenti corporei che sono soprattutto espressione del suo strazio interiore. Le descrizioni degli evangelisti sono diverse: Luca lo ritrae in ginocchio, Marco gettato a terra e Matteo prostrato (lett. *caduto sul suo volto*). Alcuni studiosi ritengono si tratti di una interpretazione diversa che ognuno dei tre Autori sinottici dà alla delicata circostanza, per cui Luca descriverebbe un Gesù più coraggioso perché inginocchiato, Marco focalizzerebbe l'attenzione sul Gesù angosciato perché caduto a terra e Matteo presenterebbe il Gesù adorante perché prostrato a terra. Ci sembra piuttosto che questi tre atteggiamenti siano le spontanee conseguenze che il peso dei sentimenti della tristezza, dello spavento e dell'angoscia provochi nella persona di Gesù e quindi le tre narrazioni, possiamo asserire, sono 'complementari'. Inoltre, leggendo più in profondità l'Evento, e, spiegando la 'Sacra Scrittura con la Sacra Scrittura', menzioniamo l'annuncio che di esso ci fa il profeta Isaia (53,4.5.10) per cui ha già 'visto' questa scena di Gesù *che si è addossato i nostri dolori* (Luca), è stato *schiacciato per le nostre iniquità* (Marco) e *al Signore è piaciuto prostrarlo con dolori* (Matteo).

2.2.3 Gesù prega

Matteo	Marco	Luca
e pregava *dicendo:* *"Padre mio, se è*	***e pregava***	***pregava****:* *"Padre, se vuoi,*

possibile, *passi da me questo* *calice!* *Però non come* *voglio io,* *ma come vuoi tu!".*	*che, se fosse possibile,* *passasse da lui* *quell'ora.* *E diceva:* *"Abbà, Padre! Tutto è* *possibile a te,* *allontana da me questo* *calice!* *Però non ciò che* *io voglio,* *ma ciò che vuoi tu".*	 *allontana da me questo* *calice!* *Tuttavia* *non sia fatta la mia,* *ma la tua volontà".*

Tutti e tre gli evangelisti condividono la preghiera di Gesù, anche lo stesso Matteo che, rispetto agli altri due, al di fuori dell'ora del Getsemani, dedica un solo versetto all'attività orante 'solitaria' di Gesù (14,23). E comune è anche l'immagine del *calice* che tutti e tre menzionano e che, come già aveva presagito Gesù nella risposta alla madre dei figli di Zebedeo (Mt 20,20-28), indica la morte violenta che Gesù, *se fosse possibile*, vorrebbe evitare! Marco aggiunge un dettaglio commoventissimo che è il titolo di "Abbà" con cui Gesù supplica il Padre. "Abbà" è una parola aramaica che nel NT è riportata qui e altre due volte nelle Lettere paoline (Rm 8,15; Gal 4,6) e sembra corrispondere al vocativo con cui ci si rivolge familiarmente al padre. Il Vangelo secondo san Marco, nella stesura che è pervenuta a noi, è stato composto in greco, ma almeno due volte riferisce espressioni in aramaico pronunciate da Gesù. Oltre ad "Abbà", l'altra espressione è detta sulla croce: *Eloì, Eloì, lemà sabactàni?= Dio mio, Dio mio, perché mi hai abbandonato?* (Mc 15,34). Questa supplica che è il Salmo 22 riportato in aramaico ci conferma il tono filiale, affettuoso e accorato con cui Gesù -

secondo Marco- si rivolge al Padre sulla croce. Anche l'evangelista Matteo mette in bocca a Gesù sulla croce le parole del Salmo 22, ma lo fa servendosi della lingua liturgica che è l'ebraico: *Elì, Elì, lemà sabactàni?* (Mt 27,46). Lette distrattamente le citazioni sembrano uguali, ma in realtà Matteo vocalizza il nome di Dio (seguito dal suffisso del pronome) in ebraico (*Elì, Elì*) ossia diversamente da come fa Marco in aramaico (*Eloì, Eloì*). In definitiva, non solo Marco aggiunge una parte di preghiera che gli altri non riportano (*Abbà, Padre! Tutto è possibile a te, allontana da me questo calice!*), ma soprattutto lo fa scegliendo di avvalersi del linguaggio parlato (aramaico) e non della solennità della lingua liturgica ebraica dando così più risalto all'umanità di Gesù che come un bambino si appella alla tenerezza del soccorso paterno.

Evidenziamo pure il nesso tra il vocativo '*Abbà*' e il Salmo 22: dalla prima tappa nel Getsemani fino all'ultima sulla croce, Gesù ha fatto continuamente appello, nella Sua profonda solitudine, all'intervento del Padre. Commentando il Salmo 22 Gianni Cappelletto afferma: "L'abbandono e il silenzio di Dio gettano nello sconforto: con Dio lontano l'angoscia è vicina, con Dio vicino l'angoscia si allontana. A livello umano la sofferenza è acuita dall'assenza di ogni aiuto, dallo scherno e incomprensione che gettano il dubbio sulla missione e innocenza del salmista, dalla persecuzione. La duplice solitudine è superata nella preghiera" (Cappelletto, *In ascolto dei profeti e dei sapienti*, 391). Queste parole che spiegano un'opera composta diversi secoli prima di Cristo, ci descrivono concretamente cosa avviene nel buio 'notturno' del Getsemani e nel buio dell'eclissi sul monte del Golgota: sia nel Getsemani che sulla croce, il lacerante vuoto dello stato di abbandono è infatti colmato dopo le rispettive accorate suppliche. Intanto, nel Getsemani, in questo primo momento di preghiera, la tenebra della solitudine è rischiarata e vinta dalla confidenza senza limiti nel Padre (*tutto è possibile a te*).

Pertanto, in virtù di queste considerazioni e grazie alla lettura sinottica, possiamo desumere che il primo momento di preghiera di Gesù è articolato nei seguenti tre passaggi:

Gesù **chiede** al Padre di far 'passare' da Lui il calice
Gesù insiste in virtù del legame filiale e **confida** nel Padre cui *tutto è possibile*
Gesù **si affida** alla volontà del Padre

La terza parte della preghiera può suscitare scalpore perché fa prendere consapevolezza che è il Padre a 'volere' il sacrificio cruento del Figlio il quale vorrebbe invece che il *calice* "passasse" da Lui. Tuttavia Gesù accoglie il 'volere' del Padre e, seppur triste, impaurito e angosciato, accetta consapevolmente di andare incontro a quanto gli sta per accadere.

2.3 Primo dialogo con i discepoli

Matteo	Marco	Luca
Poi tornò dai discepoli e li trovò che dormivano. E disse a Pietro:	*Tornato indietro, li trovò addormentati e disse a Pietro: "Simone, dormi?*	
"Così non siete stati capaci di vegliare un'ora sola con me?	*Non sei riuscito a vegliare un'ora sola?*	
Vegliate e pregate, per non cadere in tentazione.	*Vegliate e pregate per non entrare in tentazione;*	
Lo spirito è pronto, ma la carne è debole".	*lo spirito è pronto, ma la carne è debole".*	

2.3.1 Gesù torna dai tre discepoli e li trova ...

Concluso il primo momento di preghiera personale, Gesù torna dai 'tre' per chiedere loro sostegno umano e spirituale con la 'veglia' e con la 'preghiera'. E, secondo Matteo, Gesù rimprovera al plurale rivolgendosi ai tre (*non sieste stati capaci di vegliare con me un'ora sola?*), Marco invece riporta il rimprovero come rivolto solo a Pietro (come in altre situazioni precedenti Pietro si era sentito rivolgere rimproveri da Gesù, magari anche per conto degli altri apostoli). Tuttavia, l'invito a vegliare e pregare è destinato a tutti e tre e non solo in virtù della solidarietà che devono al loro Maestro, ma anche per loro stessi, per *non entrare in tentazione*!

2.3.2 Gesù rimprovera

Sono diversi gli episodi in cui Gesù richiama all'attenzione, anche con parole forti, sia le autorità che la gente comune. Numerose volte redarguisce l'atteggiamento dei farisei (es. Mt 23,13-32), altre volte critica il modo di pensare di Pietro (es. Mc 8,31-33), altre volte ancora lamenta la poca fede dei discepoli (es. Mc 4,35-41) o rimprovera l'incredulità degli abitanti di alcune città (Mt 11,20-24) e anche manifesta il suo disappunto scacciando i venditori dal tempio rovesciando anche i tavoli dei loro commerci (Mt 21,12s). Nel corso di questo Evento del Getsemani rimprovera i tre 'privilegiati' (o, come abbiamo osservato, soltanto Pietro secondo Marco) forse perché da loro si aspettava una 'resistenza' maggiore nella veglia. Sono 'rimasti' lì dove Gesù li aveva lasciati perché non rimprovera loro di averlo abbandonato, ma di non aver resistito a non cedere alle inclinazioni naturali al sonno. Il tempo trascorso si suppone sia di circa un'ora (*non siete stati capaci di vegliare un'ora sola?*). Quindi Gesù non ha chiesto loro chissà quale sforzo. Tuttavia, Gesù dà ancora loro fiducia e li esorta nuovamente.

2.3.3 Gesù avverte e insegna
Lo spirito è pronto, ma la carne è debole

Matteo e Marco riportano questa 'sentenza' il cui tema è abbondantemente ripreso e ampliato dall'Apostolo Paolo nelle sue Lettere. Biblicamente parlando con 'carne' s'intende la creaturalità dell'uomo di fronte alla maestà del Creatore come anche il carattere effimero della condizione umana in opposizione a quello eterno di Dio. Il sostantivo ebraico ‘carne’ (בָּשָׂר), *bāsār*, presenta infatti più significati e tutti rifacentesi all’aspetto biologico che, nella accezione ebraica (contrariamente a quella platonica) forma un tutt’uno con le altre componenti dell’essere umano, psiche e spirito. *Bāsār* è quindi il corpo dell’uomo (2Re 9,36), è il corpo del defunto (Gn 40,19), è la consanguinea (Lv 18,6), è la pelle (Sal 102,6) è l’organo riproduttivo maschile (Ez 23,20), è l’essere umano nella sua globalità (Sal 63,2), è la carne per il culto sacrificale (Lv 7,20), è anche simbolo di fragilità (Gn 6,3; Is 31,3). Dall’insieme di questo sapere si è sviluppata la logica per cui con l’espressione “secondo la carne” si vuol significare tutto ciò che è limitato, provvisorio e perituro, mentre con “secondo lo spirito” l’agire proprio di chi, avendo abbracciato la fede in Cristo, è una creatura nuova per cui non è più asservita alle passioni, ma le domina con la forza che le viene data dallo Spirito di Cristo. Se da un lato la “carne” è la sede delle inclinazioni negative tanto che Paolo arriva a identificarla come guidata da una forza malvagia nemica di Dio, dall’altra poiché Cristo, assumendo la “carne di peccato” e accettando che venisse trafitta con il sacrificio della Croce, ha dominato su questa forza malvagia, in virtù di questo anche i battezzati possono sottometterla perché uniti misticamente a Cristo. Così nel Getsemani Gesù ha preparato i discepoli a discernere lo “spirito” dalla “carne”, a distinguere cioè ciò che viene da Dio da ciò che non viene da Lui, a saper discernere ciò che tende al dono della vita da ciò che invece conduce ad assecondarne l’istinto egoistico a trattenerla.

2.4 Secondo momento di preghiera privata

Entriamo in quella che è la tappa centrale, la più intensa, finanche 'violenta', di tutto l'Evento del Getsemani. Attraverso lo studio sinottico che stiamo portando avanti, è infatti possibile definire il 'secondo momento di preghiera privata' come quello spiritualmente più alto ed umanamente più sofferto. Sono sei i passaggi che Gesù vive durante questa tappa decisiva.

Gesù ...

... si allontana
... è rafforzato
... diviene agonizzante
... prega intensamente
... suda come gocce di sangue
... si rialza dalla preghiera

2.4.1 *Gesù si allontana di nuovo*

Matteo	Marco	Luca
E di nuovo, allontanatosi,	*Allontanatosi di nuovo,*	

È trascorsa almeno un'ora dall'inizio del primo momento di preghiera privata e adesso Gesù ricerca ancora il suo spazio di intimità con il Padre e si distanzia una seconda volta dai tre discepoli e si dispone a fare un'esperienza nuova in questo ulteriore tempo di preghiera che si accinge a vivere.

2.4.2 Gesù è rafforzato

Matteo	Marco	Luca
		Gli apparve allora un angelo dal cielo a rafforzarlo.

Bisogna subito far presente che questo versetto 43 che riporta il conforto dell'angelo, come il successivo 44 che tratta dell'agonia di Gesù sono omessi da alcuni 'testimoni' come invece altri 'testimoni' (ma secondari) traspongono i due versetti nel Vangelo di Matteo (dopo 26,39). In virtù di tutto ciò vi sono alcuni studiosi che ritengono i versetti non appartenenti all'evangelista Luca, altri propongono addirittura che i due versetti siano 'aggiunte' risalenti al III secolo apportate per contrastare coloro che in Gesù consideravano solo la divinità e non l'umanità. Qui concordiamo nel ritenere che i due versetti "sono stati omessi dai copisti egiziani nel II secolo come reazione alla lettura gnostica cristiana che poteva equivocare la lotta di Gesù interpretandola come una lotta con il demiurgo" (Michelini, *La lotta di Gesù sul Monte degli Ulivi*, 22) e quindi appartengono all'Autore Luca se non altro perché dimostrano coerenza stilistica con il resto dell'Opera. Comprendiamo che può sconcertare il confronto tra il potere che Gesù manifesta mediante i miracoli, o la luminosità che Gli viene concessa sul monte della Trasfigurazione o la gloria della Risurrezione, con la debolezza che lo caratterizza nel Getsemani in quanto Egli *è stato messo alla prova in ogni cosa come noi, escluso il peccato* (Eb 4,15), ma questo non basta a provare l'ipotesi delle 'aggiunte'. Teniamo conto anche che i versetti sono "stilisticamente così tipici di Luca che difficilmente avrebbero potuto essere scritti successivamente" (Schweitzer, 110). Grazie alla maggiore ricchezza e appropriatezza terminologica con cui Luca descrive le malattie dei miracolati da Gesù, è stato dedotto che l'evangelista antecedentemente all'attività missionaria potesse aver esercitato la professione di medico o comunque essere dotato di un patrimonio culturale e scientifico che lo ha reso molto sensibile alle vicende dolorose. Ciò avvalora ancor più la paternità di questi versetti che evidenziano il sommo grado del dolore che solo un 'esperto' poteva sapere non essere alleviabile con sistemi 'scientifici': l'angelo che appare a Gesù verrebbe ad "integrare le risorse umane di Gesù" (Leon Morris, 478) che altrimenti in questo caso nessuna medicina potrebbe rinvigorire. Inoltre la presenza dell'angelo 'rafforzatore' nonché la successiva sudorazione sono perfettamente in armonia con l'ardore stilistico con cui Luca descrive la Passione di Gesù. Gli angeli sono un 'elemento' costantemente presente nel Vangelo lucano: sono i messaggeri delle belle notizie da parte del Signore a Zaccaria (1,11), a Maria (1,26) ed ai pastori (2,9); sono nominati attraverso la citazione di un Salmo nelle 'tentazioni' (4,10); sono alla presenza di Dio (12,8-9); gioiscono per la conversione del peccatore (15,10). L'esperto del Vangelo di Luca, Roland Meynet, osserva il nesso che c'è tra gli 'angeli' del luogo delle 'tentazioni' e quello del Getsemani: "Gli 'angeli' sono nominati nella terza tentazione: *ai suoi angeli darà ordini per te, perché essi ti custodiscano*. Da notare che l'ultima tentazione è situata sul pinnacolo del tempio visibile dal giardino del monte degli Ulivi, al di là della valle del Cedron" (R. Meynet *Il Vangelo secondo Luca*, 812). In quel luogo del Getsemani *l'angelo dal cielo* è infatti e soprattutto la risposta del Padre alla preghiera del Figlio che viene così rinforzato, incoraggiato e 'custodito'. Nella Sacra Scrittura leggiamo almeno un altro episodio in cui la presenza dell'angelo è stata di soccorso agli uomini di Dio: si tratta di Elia che, *impaurito* dalla minacciata persecuzione da parte della terribile regina Gezabele, scappa e va a rifugiarsi nel deserto. Lì, nella solitudine e nell'aridità del luogo, viene per ben due volte 'toccato' e 'nutrito' da un angelo che lo sprona così a 'riacquistare le forze', a rialzarsi e a riprendere la sua missione (1Re 19,1-9). Anche Gesù è 'solo' e così desolato da aver bisogno di un conforto che viene 'dal cielo' che effettivamente -considerato il seguito della narrazione- lo rinforza, lo fa 'rialzare' e lo rende atto a 'combattere'. Il verbo greco che si traduce con 'rafforzare', 'riprendere le forze' (ἐνισχύω) è soltanto Luca ad usarlo nel Nuovo Testamento e se ne serve qui e un'altra volta negli Atti degli Apostoli. In tutte e due le circostanze il verbo evolve in positivo perché nel primo caso concede a Gesù l''idoneità' a combattere, nel secondo caso ottiene a Saulo, stremato da tre giorni di digiuno e di cecità, di recuperare le forze ed avviarsi così alla missione evangelizzatrice (*E, dopo aver preso cibo, egli ricuperò le forze*). Il soggetto che 'rafforza' Gesù è *un angelo*, figura celeste che Luca inserisce ben 25 volte nel suo Vangelo e con accezioni per lo più gloriose e in qualche caso escatologiche. In particolare il sintagma *un angelo dal cielo* ci rimanda al tempo della nascita di Gesù quando Luca narra dell'inno di lode cantato dall'angelo e da una moltitudine dell'esercito celeste dopodiché scrive che gli angeli si allontanarono dai pastori *verso il cielo* (1,13-15). Ebbene, questo *angelo* inviato *dal cielo* ha donato a Gesù un maggior vigore per la 'lotta' che propria ora si fa più acuta.

Se analizziamo gli altri episodi di martirio presenti nel Nuovo Testamento ci accorgiamo che essi non presentano la profondità dell'angoscia che invece riguarda Gesù in questo contesto e non hanno avuto 'sostegni' soprannaturali. Ma Egli vive il più cruento dei supplizi aggravato dall''abbandono di Dio' (Mc 14,34) e da una morte truce riservata agli infami delinquenti, con tutte le umiliazioni e cattiverie che ne conseguono a causa del fatto che *Colui che non aveva conosciuto peccato, Dio lo fece peccato in nostro favore, perché in lui noi potessimo diventare giustizia di Dio* (2Cor 5,21).

2.4.3 Gesù diviene agonizzante

Matteo	Marco	Luca
		Essendo giunto in agonia

Degli evangelisti Luca è l'unico a usare il sostantivo 'agonia' e lo fa in questo contesto abbinandolo al verbo 'divenire, giungere' (γίνομαι) esprimendo a pieno il dinamismo dello stato interiore in cui 'entra' Gesù. Tuttavia dobbiamo mettere in guardia che per 'agonia' non si intende il significato che ha erroneamente assunto nella mentalità odierna ed esprimente l'atteggiamento passivo di chi sta per morire (semmai il morente 'lotta' per la vita!). 'Agonia' (gr. *agōn* o *agōnía*) è uguale a 'lotta', 'corsa', 'gara', indica cioè qualcosa di assolutamente dinamico. È un termine molto caro a san Paolo ed ogni volta che lo utilizza trasmette tutta l'intensità dell'atleta che gareggia perché altri vincano conservando il dono della fede. In sostanza, nella Lettera ai Filippesi san Paolo esorta i destinatari ad essere unanimi nella fede *sostenendo la stessa* ***lotta*** *che hanno visto sostenere* a Paolo stesso *senza lasciarsi intimidire in nulla dagli avversari* (Fil 1,27-30). Ancora ai Colossesi fa presente la *dura* ***lotta*** che l'Apostolo ha sostenuto a vantaggio di quelli di Laodicea affinché tutti *giungano a penetrare nella perfetta conoscenza del mistero di Dio, cioè di Cristo* (Col 2,1ss). Più intensa è la testimonianza che Paolo dona ai credenti di Tessalonica scrivendo ai quali ricorda come lui e i suoi discepoli abbiano *avuto il coraggio di annunziare loro il vangelo di Dio in mezzo a molte* ***lotte*** (1Ts 2,2).

L'Autore della Lettera agli Ebrei nel servirsi del sostantivo 'agonia' si avvicina più al concetto originario di 'gara'. Dopo aver infatti elencato i più grandi eroi del popolo dell'Antica Alleanza, l'Autore rivolge a se stesso e alla comunità cristiana di cui si sente parte, l'invito a darsi da fare con altrettanta eroicità per vincere la 'gara': *Anche noi dunque, circondati da tale moltitudine di testimoni, avendo deposto tutto ciò che è di peso e il peccato che ci assedia, corriamo con perseveranza nella* ***corsa*** *che ci sta davanti, tenendo fisso lo sguardo su Gesù* (Eb 12,1-2).
Similmente il verbo 'agonizzare' (ἀγωνίζομαι), benché usato poche volte nel NT, si riferisce direttamente o metaforicamente allo sforzo per la conquista della vita eterna. L'evangelista Luca nel riferire le parole di Gesù circa la necessità di entrare per la 'porta stretta' usa il verbo in questione che viene tradotto per lo più dalle edizioni moderne con 'sforzatevi', ma letteralmente il verbo è ***lottate*** *per entrare per la porta stretta, perché molti, io vi dico, cercheranno di entrare ma non vi entreranno* (Lc 13,24).
Nella Lettera ai Colossesi è interessante notare come il verbo sia utilizzato due volte per indicare il combattimento a favore dell'evangelizzazione: relativamente a Paolo vuol significare il suo darsi da fare coraggioso anche nei riguardi di quanti lo perseguitano verbalmente o fisicamente, circa Epafra il combattimento è inequivocabilmente spirituale. Ecco i due rispettivi brani:
1)*Per questo fatico* ***lottando*** *con la forza che viene da lui e che agisce in me con potenza* (Col 1,29);
2)*Vi saluta Èpafra, servo di Cristo Gesù e vostro concittadino, il quale sempre* ***combatte*** *per voi nelle sue preghiere affinché siate perfetti e dediti a tutti i voleri di Dio* (Col 4,12).
Inoltre, nelle Lettere indirizzate a Timoteo, Paolo suggerisce al *figlio suo nella fede* di essere un vero uomo di Dio e gli comanda (verbo

all'imperativo) di impegnarsi con zelo: ***combatti** la buona battaglia della fede, cerca di raggiungere la vita eterna* (1Tm 6,12). E, per motivarlo a questa missione evangelizzatrice, Paolo, sentendosi ormai vicino al traguardo della vita, ricorda a Timoteo la sua personale ***condotta*** (ἀγωγή) o meglio, ***lotta*** (2Tm 3,10), di aver cioè gareggiato valorosamente ed aver mantenuto il premio: ***ho combattuto** la buona battaglia, ho terminato la corsa, ho conservato la fede* (2Tm 4,7).

Solo 2 volte il verbo 'agonizzare' è usato per trasmettere il significato originario di 'combattimento fisico'. La prima volta è l'evangelista Giovanni a servirsene nel momento in cui Gesù sta dialogando con Pilato per istruirlo sul concetto di 'regno' secondo l'accezione che Lui gli dà: *il mio regno non è di questo mondo. Se il mio regno fosse di questo mondo, i miei servitori **avrebbero combattuto** perché non fossi consegnato ai Giudei; ma il mio regno non è di quaggiù* (Gv 18,36). Una seconda volta lo leggiamo nella Prima Lettera ai Corinzi quando Paolo paragona il suo 'combattere' a quello dell'atleta al fine di far meglio comprendere l'intensità della sua attività evangelizzatrice. *Ogni **combattente** è disciplinato in tutto; essi lo fanno per ottenere una corona che appassisce, noi invece una che dura per sempre* (1Cor 9,25).

Lo studio della totalità della casistica terminologica ci permette di comprendere in profondità lo sforzo 'agonistico' di Gesù che non è privo di sentimenti, non è esente da strazio interiore. Anche se Luca non fa cenno all'interiorità di Gesù, non per questo si deve pensare ad un Gesù che affronta stoicamente la prova del dolore mortale (Neyrey, 167). Soltanto ogni evangelista ha la sua originalità e, agli occhi del medico Luca, è importante rilevare le reazioni fisiche (senza dimenticare che ha appena descritto la presenza dell'angelo confortatore, quindi sono scontate le sue emozioni interiori!). Gesù infatti è in agonia e nello stesso tempo suda come gocce di sangue, cioè presenta i sintomi di uno che sta combattendo contro la morte, e in questo caso il sostantivo 'agonia' è connesso col significato di 'combattimento vittorioso' dell'atleta o del soldato perché l'estremo sforzo in gara o in guerra è proprio di chi sta per vincere. Ecco quindi che la sua vittoria è imminente e riceverà *in premio le moltitudini* (Is 53,12) che Egli conquisterà all'amore del Padre.

2.4.4 *Gesù prega intensamente*

Mt 26,30.36-46	Mc 14,26.32-42	Lc 22,39-46
pregava *dicendo:* *"Padre mio, se questo calice non può passare da me senza che io lo beva, sia fatta la tua volontà".*	***pregava*** *dicendo* *le medesime parole.*	***pregava più intensamente***

Gesù di nuovo si appella al Padre e, secondo Luca che vi inserisce un comparativo di maggioranza (ἐκτενέστερον), lo fa *più intensamente*. Marco si limita ad informare che ripete le stesse parole quindi consideriamo pure che Gesù si sia rivolto al Padre ancora con l'affettuoso vocativo "*Abbà*!". Matteo dal canto suo riscrive la formula: *se questo calice non può passare ... ma sia fatta la tua volontà*. Quindi c'è omogeneità (pur nella diversità stilistica) a presentare un grado di coinvolgimento maggiore di Gesù in questa seconda richiesta di esaudimento come anche continua ad essere ferma la disponibilità a rimanere fedele al volere del Padre.

2.4.5 *Gesù suda come gocce di sangue*

Matteo	Marco	Luca
		e il suo sudore diventò come gocce di sangue che cadevano a terra.

Il combattente e orante Gesù ha raggiunto uno sforzo così imponente che il suo sudore *diventò come gocce di sangue che cadevano a terra*. Concretamente, non fuoriesce sangue dal corpo di Gesù, tuttavia la copiosità del sudore è tale da essere equiparabile al sangue. È vero che l'evangelista Luca in più occasioni evidenzia la sua inclinazione a presentare la vitalità delle scene (il sussulto di gioia di Giovanni, 1,44; lo Spirito in apparenza corporea, 3,22; Satana rappresentato nell'immagine della folgore che cade, 10,18), ma qui riteniamo si tratti di una vera e propria descrizione che il *caro medico* (Col 4,14) fa dei sintomi del 'paziente' .

Soffermiamoci un po' sul fenomeno. Già Aristotele nel III libro del *De Animalibus Historiae* e in *De Partibus Animalium* affronta la questione del sudore copioso comparabile al sangue, ma particolarmente interessante per il nostro caso è a proposito la testimonianza che riferisce il suo discepolo, filosofo e botanico Teofrasto, morto ad Atene verso la fine del III secolo a. C.): "Il maestro di ginnastica Diotimo diceva che vi sono tre differenti qualità di sudore e cioè il sudore di coloro che stanno iniziando la gara; il sudore di coloro che si trovano nel pieno della competizione; il sudore di quelli che stanno per concluderla. Queste differenti qualità dunque sono dovute e all'intensità degli sforzi e alla mutazione dell'organismo. È evidente infatti che dalla diversa condizione dell'organismo (se ne debba dedurre) anche una differente causa: poiché si dà nei sudori sia una sottigliezza che una densità; infatti quello superficiale e iniziale è acquoso e sottile; quello invece che proviene dalla profondità dell'organismo è piuttosto alquanto pesante quasi che la carne si sia fusa. Alcuni poi asseriscono che il sudore può anche risultare simile al sangue, come affermava il medico Monade, ovviamente allorché viene attratta fuori più abbondante umidità dalle vene, cruda per di più, quasi fosse stata colorata: a volte infatti anche lo stesso sangue risulta crudo. Per dirla in breve questo come spesso è stato asserito e soprattutto è vero, perché la secrezione dei rifiuti sempre avviene secondo la proprietà dei corpi" (*De sudore*, frammento 55). Dopo questa descrizione che ci fa apprezzare ancor più il grado di sforzo compiuto da Gesù, accostiamoci ad un'altra ancora più specialistica che è quella del medico Francesco La Cava, collega ed amico del santo medico Giuseppe Moscati: "Ma in questo caso vi sono i tratti della più squisita umanità di G. Cristo. Anch'egli, come tutti noi, ebbe paura di morire, («né il sole, né la morte possono guardarsi fissamente» dice La Rochefoucauld), e cercò di isolarsi pregando che l'amaro calice fosse allontanato. Del resto quell'andare e venire dal luogo dove i discepoli, ignari, dormivano, tradiscono la mortale angoscia, la lotta che i sentimenti più opposti facevano nel suo spirito: il dolore di abbandonare i discepoli non ancora abbastanza dirozzati e fatti degni di continuare il divino insegnamento, la necessità della morte per compiere la grande opera della redenzione, il tradimento di Giuda, e l'indifferenza dei discepoli che non capivano la sua ansia mortale.

E Gesù sudò sangue. "*Et factus est sudor eius, sicut guttae sanguinis decurrentis in terram*". La scienza moderna ha chiamato *ematidrosi* il fenomeno qui descritto. Già nelle opere di Aristotele e di Galeno è fatto cenno di «uno scolo sanguigno da località inalterate e illese della pelle»; ma questo fenomeno, messo in seguito sul conto di una anomalia della secrezione sudorale, fu vivacemente discusso, per il fatto, già strano «a priori», che le glandole sudorifere potessero avere qualche influenza nella produzione di un liquido, contenente, come risultava da accurate analisi, globuli sanguigni rossi e bianchi. Dall'esame dei casi sin qui pubblicati emergono alcuni fatti della più grande importanza. Nella maggioranza si tratta di individui di squisita sensibilità nervosa, nei quali si producono iperemie, direttamente o per via riflessa, nei più svariati distretti cutanei. Il sudore sanguigno appare in seguito ad uno sforzo fisico o ad una emozione morale. La condizione anatomica per spiegare il fenomeno è la seguente: il sistema vascolare di ciascuna glandula sudorifera «forma una rete periglomerulare con maglie molto fitte; da essa si dipartono rami che penetrano entro il glomerulo tra le sue varie porzioni. I nervi formano un plesso periglomerulare che circonda ogni tubulo all'esterno della membrana propria; da esso si dipartono rami che penetrano entro a questa membrana e si distinguono in nervi motori, destinati allo strato muscolare, e in nervi secretori attorno alle cellule epiteliali; nella guaina connettiva decorrono poi nervi vasomotori destinati ai vasi sanguiferi» (Sterzi e Favaro, *Tratt. di Anat. Umana*, Vol. V, pag. 40, Milano, Vallardi, opera citata da La Cava). La funzione di questi nervi viene dimostrata anche sperimentalmente dagli «eccitamenti del sistema nervoso che determinano delle notevoli modificazioni nell'attività funzionale delle ghiandole sudoripare» (Testut, *Anat. Umana*, Vol 2°, P. 4ª, Torino, Utet, 1899, pag. 34, opera citata da La Cava). L'ematidrosi quindi è un fenomeno oggi ben conosciuto nella sua *sede*, il reticolo vasale della glandola sudorifera; nel suo *meccanismo*, la diapedesi o fuoriuscita dei corpuscoli sanguigni attraverso la parete dei capillari; nella sua patogenesi, l'azione nervosa. Del resto un simile fenomeno si può verificare in altre glandole, le glandole lagrimali, per esempio, con la secrezione di lagrime di vero sangue" (F. La Cava, 14-16). Questa testimonianza ci fa vedere con gli occhi della mente la realtà della densità emotiva vissuta da Gesù nel Getsemani che lo ha portato a sudare *gocce come di sangue*, fenomeno che tra l'altro è stato anche osservato su alcuni prigionieri dei lager del secondo conflitto mondiale (M. Llorrente, 64). Di 'ematidrosi' relativamente all'Evento del Getsemani ne parla anche l'anatomopatologo Pierluigi Baima Bollone (*Gli ultimi giorni di Gesù*) che suppone che Gesù abbia sofferto anche la 'nevrosi d'organo': in conseguenza della tristezza, dello spavento e dell'angoscia, oltre alla sudorazione intensissima, ha provato affanno, alterazioni, cardiopalmi e dolori cardiaci, forti vertigini, il tutto causato dall'imponenza del combattimento (ἀγωνίζομαι).

Queste osservazioni specialistiche conducono colui che accetta di 'entrare' nel Getsemani a rimanere esterrefatto e incapace di pronunciare parola di fronte a questo amore estremo che ottiene di non lasciar vincere la morte: *dopo il suo intimo tormento vedrà la luce* (Is 53,11).

2.4.6 Gesù si rialza dalla preghiera

Matteo	Marco	Luca
		Poi, rialzatosi dalla preghiera

È fondamentale questo dettaglio che l'evangelista Luca riporta: il 'lottatore' è in piedi, ha vinto la sua battaglia. La violenza del combattimento l'ha portato a stare in ginocchio, a manifestare un sudore similare al sangue, ma ha superato la prova. Dall'angelo intervenuto a suo favore ha tratto la spinta a fronteggiare la fase più violenta della sua 'gara'. Ora può ripresentarsi ai suoi tre 'sostenitori'.

2.5 Secondo dialogo con i discepoli

Gesù torna dai tre discepoli, li trova ... e parla loro

Matteo	Marco	Luca
E tornato di nuovo trovò i suoi	*Ritornato li trovò*	*andò dai discepoli e li trovò*
che dormivano,	*addormentati,*	*che dormivano*
perché gli occhi loro si erano appesantiti.	*perché i loro occhi si erano appesantiti,*	
		per la tristezza.
		E disse loro: "Perché dormite?
	e non sapevano che cosa rispondergli	
		Alzatevi e pregate, per non entrare in tentazione".

Quando torna la seconda volta lo stato di sopore dei tre discepoli è descritto più marcatamente (secondo Matteo e Marco) dovuto anche al sentimento della "tristezza" (Luca) che ormai si è impadronita pure di loro. Da notare che Matteo e Marco attribuiscono più alla fragilità biologica il cedimento al sonno (occhi appesantiti), mentre Luca indirizza l'attenzione verso lo stato interiore dei tre discepoli. Luca che non pone risalto all'interiorità di Gesù in modo esplicito, ne parla invece dei discepoli descrivendoli in un certo modo solidali con il loro Maestro.

Comunque sia la motivazione, i tre discepoli ci hanno provato a ‘stare’ con Lui in questo Evento, poi però hanno dovuto costatare il ‘fallimento’ della prova fino a provare l’imbarazzo di non saper *cosa rispondergli* all’atto del suo ritorno da loro la seconda volta.

2.6 Terzo momento di preghiera privata

2.6.1 Gesù lascia i tre discepoli, si allontana e prega

Matteo	Marco	Luca
E lasciatili, *si allontanò di nuovo* *e pregò per la terza volta,* *ripetendo le stesse parole.*		

Unicamente l'evangelista Matteo riferisce in modo esplicito del terzo momento di preghiera che Gesù vive. Sì, proprio l'evangelista che in tutto il Vangelo (eccettuato l'Evento del Getsemani) fa una sola menzione alla preghiera personale di Gesù, eppure qui riporta il dettaglio della preghiera effettuata una terza volta con *le stesse parole* cioè: ... *se è possibile* ... *ma come vuoi tu*. Ed è la preghiera decisiva! Altre volte, seppur in circostanze diverse, Gesù si è 'ritirato' da situazioni non troppo favorevoli e nel suo ritirarsi ha avuto comunque modo di manifestare prodigi (4,12; 12,15; 14,13; 15,21), ma questa volta Gesù non si 'ritira', nel senso di sottrarsi, ma anzi si abbandona piuttosto al Padre per il 'prodigio' del supremo atto d'amore che passa attraverso (l'incomprensibile) fallimento umano. Gesù una terza volta ha espresso di voler accogliere la volontà del Padre, ha pregato cioè come Lui stesso ha insegnato ai suoi uditori con le parole del Padre nostro (che tra l'altro solo Matteo riporta): *sia fatta la tua volontà*. Non è quindi rassegnazione o accettazione passiva, ma la libera e consapevole accondiscendenza ad un piano trucemente doloroso, ma sorprendentemente e infinitamente benefico e fecondo. Certo, Gesù non va a sottoporsi alla violenza dei carnefici con lo spirito dell'eroe sicuro di sé o facendo la parte dell'autolesionista e nemmeno ha intenzione di morire, altrimenti non supplicherebbe per tre volte il Padre affinché passasse da lui il *calice*. Possiamo tuttavia desumere che la preghiera, avendo assunto le sembianze di un combattimento spirituale, conduce il 'combattente' Gesù a non soccombere in occasione della delusione e dell'amarezza causate dall'indifferenza altrui e a raggiungere piuttosto il traguardo della vera vittoria.

Ci spieghiamo meglio. Gesù è stato vicino a morire già lì nel Getsemani in conseguenza della gravità del trauma dovuto all'angoscia, alla tristezza, allo spavento e allo sforzo 'agonistico'. La preghiera gli ha permesso già di combattere le forze tenebrose della morte ed ora gli dà il coraggio di andare verso il sacrificio cruento della Croce certo che la preghiera -Gesù muore pregando- lo farà essere di nuovo vincitore.

2.6.2 Il *Calice*

Come è stato fatto cenno nella Premessa a questo volume, i mistici riescono a penetrare nell''abisso' della Passione di Cristo e, secondo quello che è il loro linguaggio specifico, ne forniscono delle preziosissime testimonianze. Consideriamo a proposito gli scritti di S. Margherita Maria Alacoque nel passaggio in cui riporta la richiesta che il Signore Gesù le avrebbe fatto proprio in merito all'Evento del Getsemani: "... inoltre, ti dovrai comunicare tutti i primi venerdì del mese e, tutte le notti tra il giovedì e il venerdì, ti renderò partecipe di quella tristezza mortale che ho voluto provare nel giardino degli Ulivi. Quella tristezza ti porterà senza che tu possa capirlo, a una specie di agonia più dura da sopportare che non la morte. E per accompagnarmi nell'umile preghiera che allora, in mezzo a tutte le angosce, rivolsi al Padre mio, ti leverai tra le undici e la mezzanotte e ti prostrerai per un'ora con me" (*Autobiografia*, 57).

L'"agonia più dura da sopportare che non la morte" è originata dal 'calice' che da sempre Gesù era consapevole di dover bere a Gerusalemme tanto da averlo anticipato per ben tre volte ai discepoli. Nel corso dell'Evento del Getsemani questo 'calice' si impone in tutta la sua drammaticità: tradimento, percosse nel Getsemani, arresto, abbandono da parte di tutti, false testimonianze, sputi, 'schiaffo del soldato', percosse davanti al sinedrio, rinnegamenti, insulti da parte di Erode, condanna di Pilato, scarnificante flagellazione, consegna per la crocifissione, coronazione di spine, bastonate sputi e dileggi da parte dei soldati romani nel pretorio, spogliato - vestito di porpora - spogliato di nuovo - rivestito ancora delle sue vesti, salita al calvario con la croce (in parte aiutato da Simone di Cirene), arrivo al "luogo del cranio", divisione delle sue vesti, dolore per Sua Madre che *stava* lì sotto la croce insieme a Giovanni e ad altre donne, sete, (ore 9.00) crocifissione, insulti e maligne provocazioni, (ore 12.00) terribile 'agonia', (ore 15.00) grido di dolore per il senso di abbandono e supplica (Salmo 22), morte, colpo di lancia al fianco.
Gesù già vive lì nel Getsemani tutta la lacerante conseguenza dell'accoglienza del 'calice', tutta la furia che si accanirà contro di Lui, come dal Salmista è stato anticipato: *Sul mio dorso hanno arato gli aratori, hanno scavato lunghi solchi* (129,3). Già nel buio tenebroso della notte del Getsemani vive l'esperienza tragica dell'inspiegabile abbandono da parte di tutti nonché la contrarietà che subirà da ogni ambito: dal mondo, dai suoi connazionali, dai suoi discepoli, dal Padre! L'Uomo Gesù allora prega chiedendo per ben tre volte: *se possibile, passi da me questo calice.*

2.7 Terzo dialogo con i discepoli

2.7.1 Gesù torna dai tre discepoli (sottinteso li 'trova') e parla loro

Matteo	Marco	Luca
Poi si avvicinò ai discepoli e disse loro: "Dormite ormai e riposate! Ecco, è giunta l'ora nella quale il Figlio dell'uomo sarà consegnato in mano ai peccatori. Alzatevi, andiamo; ecco, colui che mi tradisce si avvicina".	*Venne la terza volta e disse loro: "Dormite ormai e riposatevi! Basta, è venuta l'ora: ecco, il Figlio dell'uomo viene consegnato nelle mani dei peccatori. Alzatevi, andiamo! Ecco, colui che mi tradisce è vicino".*	

Gesù torna la terza volta e sembra parlare a nessuno che lo ascolti visto che dormono: *Dormite pure e riposatevi!*

E forse approfittando del fatto che dormono o che sono in dormiveglia dice loro qualcosa che potrebbe scandalizzarli: *Ecco, l'ora è vicina e il Figlio dell'uomo viene consegnato in mano ai peccatori.* Poi ordina loro: *Alzatevi, andiamo! Ecco, colui che mi tradisce è vicino.*

Gesù ‘attende’

Dormite pure e riposatevi! Gesù ha vinto la sua ‘lotta’, ma i tre apostoli non ce l’hanno fatta! L’inclinazione al sonno ha prevalso e Gesù parla ai presenti ... acusticamente assenti! Tuttavia li lascia dormire e riposare perché per loro avverrà in seguito la lotta nella scelta tra l’istinto alla conservazione della vita o il dono di sé.

Gesù anticipa

Ecco, l’ora è vicina e il Figlio dell’uomo viene consegnato in mano ai peccatori. In questo annuncio c’è tutta la tragicità e assurdità della violenza che Gesù subirà di lì a poco. Essere ‘consegnato’ (che è lo stesso verbo greco per significare l’atto del ‘tradire’) nelle mani dei “peccatori” presagisce l’accanimento che essi riverseranno su di Lui. Corrisponde infatti al modo letterario giudaico usato per risaltare la ferocia che gli uomini empi riversano sui ‘deboli’. Ricordiamoci del momento in cui Davide, dovendo scegliere una punizione divina, scongiura il profeta di far mandare la peste anziché cadere “nelle mani degli uomini” (2Sam 24,14). Oppure, tanto per citarne alcuni, si rileggano quei Salmi dove si evidenzia il tremendo destino di chi va a finire nelle mani dei violenti (*mi accerchia una banda di malvagi; hanno scavato le mie mani e i miei piedi*, 22,17; *il malvagio spia il giusto e cerca di farlo morire,* 37,32; *mi aggrediscono senza motivo*, 109,3). Gesù annuncia quindi tutta la crudeltà di cui sarà oggetto!

Gesù incita

Alzatevi, andiamo! Ecco, colui che mi tradisce è vicino. Gesù vuole agire di anticipo e incita gli apostoli con gli imperativi ‘vocazionali’ (come nell’AT: *qum lek*!): *Alzatevi! Andiamo!* Se infatti consideriamo attentamente, questi due imperativi sono le ultime parole che il Signore (secondo i Vangeli sinottici) rivolge al gruppo degli apostoli prima della Risurrezione. Nonostante l'imminente tradimento, Gesù intima di avanzare comunque! Così i tradimenti che subiranno gli apostoli non dovranno essere motivo di arresto della missione!

Con il 'tradimento' è compresa la 'consegna'. Il verbo greco (παραδίδωμι) che traduciamo con 'tradire' originariamente vuol dire 'consegnare'. Effettivamente alcune edizioni dei Vangeli traducono con 'consegnare' anziché 'tradire'. L'atto del 'consegnare' Gesù da parte di Giuda contiene in sé il tradimento, in quanto il movente della consegna è la malizia di Giuda. Qualcuno ritiene che il verbo 'consegnare' e non 'tradire' liberi Giuda dal giudizio negativo che si è attirato, ma l'esplicitazione del complotto di Giuda con i capi dei sacerdoti (*Quanto volete darmi perché io ve lo consegni?*, Mt 26,15) e la specificazione dell'intervento demoniaco in lui (*Allora, dopo il boccone, Satana entrò in lui*, Gv 13,27) confermano l'origine traditrice dell'agire di Giuda. Gesù è in piedi e va incontro a Giuda e alla folla munita di spade e bastoni: lo stesso ordina di fare agli apostoli ...

Alzatevi!

Questo imperativo ci porta a considerare il particolare legame che c'è tra l'esperienza del Getsemani e quella in precedenza vissuta sul Tabor.

"Gesù sul Tabor viene confortato dai profeti e vive un'esperienza di luce; al Getsemani, invece, inizia a toccare con mano la tristezza e il buio che poi lo accompagneranno, con un ancor maggiore senso di abbandono, sulla croce. Il Padre sul Tabor fa udire la sua voce potente, ma ... al Getsemani non si ode la voce del Padre, ma è invece il figlio che si rivolge a lui"(G. Michelini, *Stare con Gesù, stare con Pietro*, 38). Effettivamente, all'inizio dell'Evento il Padre sembra essere 'assente', poi attraverso l'intervento 'superiore' della presenza dell'angelo e la forza vitale che ottiene in risposta alla Sua preghiera, anche se in modo meno eclatante che sul Tabor, si fa comunque manifesta la potenza divina. Ma c'è anche un altro nesso tra l'esperienza del Tabor e quella del Getsemani che, come accennavamo, riguarda l'imperativo *Alzatevi!*. Sul Tabor Gesù ha invitato i tre discepoli ad alzarsi e ad andare verso Gerusalemme, nel Getsemani invita i Suoi ad alzarsi e ad andare incontro al traditore. Gesù testimonia ai discepoli la necessità di assecondare le esigenze del Regno dei Cieli, cioè di non fermarsi di fronte alle persecuzioni ed ai tradimenti, ma di continuare ad evangelizzare, se necessario, anche con l'offerta della vita.

Cap. 3
La preghiera del Getsemani
secondo l'evangelista Giovanni
e l'Autore della Lettera agli Ebrei

L'Evento del Getsemani è un evento di preghiera. Possiamo asserire che tutta l'ultima sera e parte dell'ultima notte trascorsa con i discepoli è stato un evento liturgico. Durante l'Ultima Cena (Cena pasquale) Gesù ha pregato con parole di ringraziamento e di lode; prima di uscire dal cenacolo ha cantato l'*inno*, cioè uno dei Salmi dell'*Hallel* previsti per l'occasione (Sal 113-118); in particolare, pregando il Salmo 118 ha parlato del Suo destino, della *pietra scartata dai costruttori* in quella notte e anticipando che quella stessa *pietra* sarebbe diventata *la pietra d'angolo*; giunto sul luogo del Getsemani ha confidato ai tre discepoli lo stato della sua anima con le parole del Salmo 43 (e/o 42) e poi ha vissuto i tre 'momenti' di preghiera personale.

Approfondiamo questo 'incontro' notturno di preghiera di cui i Sinottici ci parlano e confrontiamo la loro narrazione con quelle dell'evangelista Giovanni e dell'Autore della Lettera agli Ebrei che, seppur non riferiscano esplicitamente la cronaca della notte del Getsemani, tuttavia ne fanno menzione risaltando proprio il contenuto della preghiera (Gv 12,27-33; Eb 5,7-10).

3.1 L'Evento del Getsemani nel Vangelo secondo Giovanni

Giovanni 12,27
L'anima mia è turbata; che cosa dirò? Padre, salvami da quest'ora?Ma proprio per questo sono giunto a quest'ora!
Νῦν ἡ ψυχή μου τετάρακται, καὶ τί εἴπω; πάτερ, σῶσόν με ἐκ τῆς ὥρας ταύτης; ἀλλὰ διὰ τοῦτο ἦλθον εἰς τὴν ὥραν ταύτην.

Come mettono bene in evidenza i Sinottici, durante la preghiera nel Getsemani Gesù si esprime con il linguaggio del corpo cadendo a terra, prostrandosi ed inginocchiandosi. Soprattutto quest'ultima posizione fisica ci fa pensare all'imminenza del martirio cui va incontro. Del diacono Stefano viene infatti scritto che *piegò le ginocchia e gridò a gran voce: «Signore, non imputare loro questo peccato». E detto questo si addormentò*. Il martirio viene vissuto in ginocchio e con la preghiera nel cuore e sulle labbra. In questo senso Gesù è quindi "modello dei martiri" (A. Stöger). Ma insieme all'atteggiamento del corpo c'è lo strazio interiore comprensivo di *tristezza, spavento, angoscia* e, l'evangelista Giovanni, 'aggiunge' il turbamento dell'anima (Gv 12,27). Traendo ispirazione sempre dal Salmo 43, nel quarto Vangelo è utilizzato infatti un verbo greco, *tarassō* (ταράσσω), che va ulteriormente a rafforzare il messaggio di intensità del patimento interiore di Gesù. Esso può significare 'agitare', 'confondere', 'turbare' 'scuotere' e l'insieme di questi significati (se ci eccettua 'agitare' perché riferito una sola volta ad un elemento naturale come l'acqua, Gv 5,7) ci permette di entrare ancor più nella profondità dello sconvolgimento dell'Uomo Gesù. Il verbo è usato da tutti e quattro gli evangelisti e per occasioni diversificate, ma tutte esprimenti situazioni di grave disagio.

Matteo utilizza il verbo in questione riferito ad Erode il Grande nel mentre accoglie la notizia della nascita del re dei Giudei con tutte le orribili conseguenze che questo fatto vedrà. Egli che infatti soffriva della fobia che qualcuno potesse usurpargli il trono *all'udire queste parole, il re Erode* ***restò turbato*** *e con lui tutta Gerusalemme* (Mt 2,3), sì, turbati anche gli abitanti di Gerusalemme al pensiero di quello che avrebbe potuto compiere Erode (e l'ha compiuto!). Ancora Matteo e anche Marco si servono del verbo *tarassō* per significare il turbamento dei discepoli nel vedere Gesù camminare sul lago di Galilea (*al vederlo camminare sul mare,* ***furono turbati*** *e dissero: "E' un fantasma" e si misero a gridare dalla paura*, Mt

14,26; Mc 6,50), cosa impossibile nella mentalità giudaica secondo la quale nessuno poteva dominare l'acqua se non Dio! Così Luca (1,12) si serve del verbo *tarassō* per esprimere il turbamento di Zaccaria all'apparizione dell'angelo del Signore (*Quando lo vide, Zaccaria* ***si turbò*** *e fu preso da timore*) come anche quello degli apostoli all'atto di Gesù del presentarsi loro vivo dopo la Risurrezione (*Perché* ***siete turbati****, e perché sorgono dubbi nel vostro cuore?*, 24,38). L'evangelista che usa il verbo in questione più frequentemente è proprio Giovanni che lo riferisce all'acqua della piscina di Betzatà (5,7) nel suo 'agitarsi' assumendo così proprietà terapeutiche (*Signore, io non ho nessuno che mi immerga nella piscina quando l'acqua* ***si agita***). Ma particolarmente significative sono le altre ricorrenze riportate da Giovanni. Oltre alla summenzionata ispirazione al Salmo 43, il verbo descrive il sobbalzo emotivo di Gesù nella circostanza della morte di Lazzaro (11,33): *quando la vide* (Maria) *piangere e piangere anche i Giudei che erano venuti con lei,* (Gesù) *si commosse profondamente,* ***si turbò***. Ancora più in sintonia con il messaggio del nostro episodio sono gli altri tre utilizzi che fa l'evangelista Giovanni (13,21; 14,1.27). Il turbamento è infatti di nuovo provato da Gesù proprio quando annuncia il tradimento di Giuda (*Gesù fu profondamente* ***turbato*** *e dichiarò: "In verità, in verità vi dico: uno di voi mi tradirà"*), ma questo sentimento potrà essere vissuto dai discepoli di fronte all'amarezza che desterà loro la cattura e il martirio del loro Maestro per cui li avvisa ed amorevolmente li esorta a non lasciarsi sconvolgere dagli avvenimenti (*Non sia* ***turbato*** *il vostro cuore. Abbiate fede in Dio e abbiate fede anche in me. ... Vi lascio la pace, vi do la mia pace. Non come la dà il mondo, io la do a voi. Non sia* ***turbato*** *il vostro cuore e non abbia timore*).

Questo sintetico *exursus* in merito al verbo *tarassō* ci fornisce la presa di coscienza che esso ha a che fare con situazioni di vita o di morte, di tradimenti o di rivelazioni, ma soprattutto di manifestazioni del divino.
L'Uomo Gesù vive su di sé l'assalto di tutte queste realtà contraddittorie: l'amore, ma anche il tradimento e l'indifferenza altrui; la verità, ma anche la menzogna e l'ipocrisia dei Suoi; la luce, ma anche le tenebre della solitudine; la vita, ma anche l'orrore per la morte. Nei Vangeli Sinottici abbiamo appreso la richiesta di Gesù -*se possibile*- seguita dalla Sua disponibilità ad accogliere la volontà del Padre (*sia fatta la tua volontà*) manifestata dalla consegna immediata di sé alla folla mandata dai capi dei sacerdoti e dagli anziani del popolo. Ma la risposta esplicita, ossia la preghiera-assenso di Gesù la leggiamo esclusivamente nel Vangelo secondo Giovanni (12,27): *l'anima mia è turbata; che cosa dirò? Padre, salvami da quest'ora?Ma proprio per questo sono giunto a quest'ora!* La preghiera realizza due passaggi: con la preghiera si esprime il desiderio che sia assecondata la volontà umana, ma con la preghiera si effettua poi il passaggio qualitativo e decisivo che conforma la volontà umana a quella divina.

3.2 ... nella Lettera agli Ebrei

Lettera agli Ebrei 5,7
Nei giorni della sua vita terrena egli offrì preghiere e suppliche, con forti grida e lacrime, a Dio che poteva salvarlo da morte e, per il suo pieno abbandono a lui, venne esaudito.
ὃς ἐν ταῖς ἡμέραις τῆς σαρκὸς αὐτοῦ δεήσεις τε καὶ ἱκετηρίας πρὸς τὸν δυνάμενον σῴζειν αὐτὸν ἐκ θανάτου μετὰ κραυγῆς ἰσχυρᾶς καὶ δακρύων προσενέγκας καὶ εἰσακουσθεὶς ἀπὸ τῆς εὐλαβείας

Il contesto è quello in cui l'Autore della Lettera agli Ebrei sta affrontando la questione del 'sommo sacerdozio' di Cristo e nel brano di nostro interesse sta riferendo nello specifico il passaggio in cui asserisce che tale 'titolo' Gesù l'ha conseguito attraverso l'obbedienza al Padre.

Nei giorni della sua vita terrena, letteralmente *Nei giorni della sua carne*: è un modo per dire 'nel corso della sua sofferta esistenza', quando cioè Gesù si è offerto al Padre e all'umanità attraverso la preghiera (*suppliche*) e la sofferenza (*lacrime*). Questo rientra nel discorso che l'Autore sta tenendo in merito al sommo sacerdote veterotestamentario: come egli *essendo rivestito di debolezza* (5,2) poteva percepire la fragilità umana, così Cristo, che *è stato messo alla prova in ogni cosa come noi, escluso il peccato* (4,15) può condividere il destino umano. La condivisione è avvenuta anche attraverso l'angoscia interiore che Lo ha portato a offrire *preghiere e suppliche*, motivo per cui anche se non è reso esplicito, gli studiosi della Lettera agli Ebrei sostengono questo brano essere relativo all'Evento del Getsemani, o addirittura all'insieme degli episodi della Passione. Il tono infatti è reso in modo tale che certamente si rifà ad un episodio tragico della vita di Gesù. Si legge infatti la dicitura *forti grida e lacrime* tenendo conto che il grido è presente anche nei Sinottici ma nel momento in cui Gesù sta morendo (Mt 27,46.50; Mc 15,37; Lc 23,46) e le lacrime di dolore sono messe in evidenza quando Gesù piange per Gerusalemme (Lc 19,41) e per la morte di Lazzaro (Gv 11,33). L'intera Sua vita è stata perciò un'offerta al Padre, e non alla maniera dei sacerdoti che offrivano vittime, in quanto Egli ha offerto se stesso, l'intera Sua esistenza fino al dono supremo sulla Croce. Eppure, Gesù ha pregato e supplicato *Dio che poteva salvarlo da morte*, ha chiesto cioè di essere sottratto alle conseguenze del crudele supplizio e, secondo la Lettera agli Ebrei *per il suo pieno abbandono a lui, venne esaudito*. Cosa ha chiesto Gesù e in che cosa è stato esaudito? Nell'imminenza della truce Passione Gesù ha avvertito la violenza della natura umana che si ribellava, ma la repulsione Lui l'ha trasformata in una preghiera di *abbandono* al volere del Padre che lo ha esaudito cioè non lo ha scampato dalla morte fisica ma dal suo potere come si legge negli Atti degli Apostoli (2,24): *Dio lo ha risuscitato, liberandolo dai dolori della morte, perché non era possibile che questa lo tenesse in suo potere.*

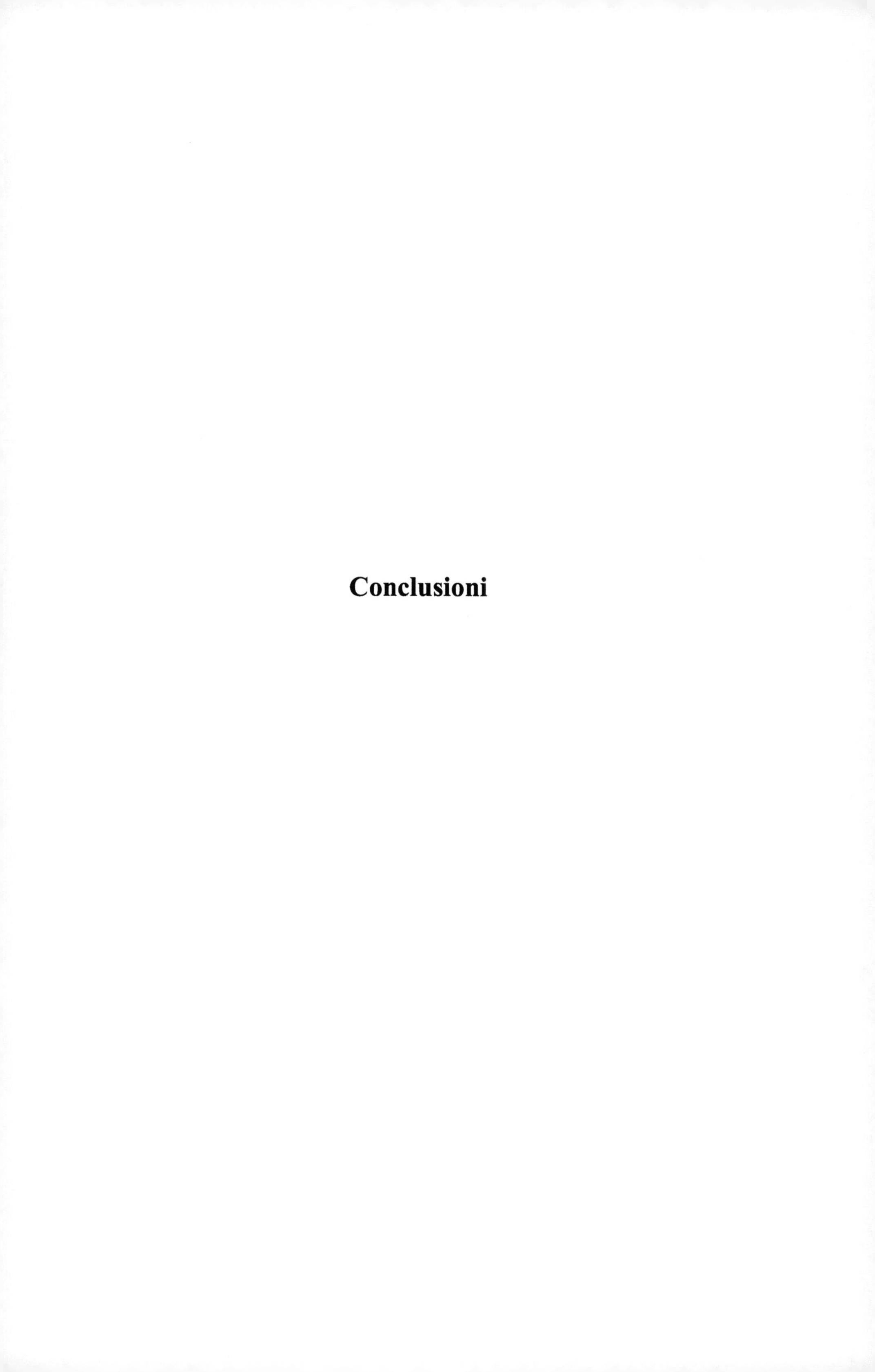

Conclusioni

Il dramma si risolve con la vita

Signore, Dio della mia salvezza, davanti a te grido giorno e notte.
Giunga fino a te la mia preghiera, tendi l'orecchio al mio lamento.
Io sono colmo di sventure, la mia vita è vicina alla tomba.
Sono annoverato tra quelli che scendono nella fossa,
sono come un morto ormai privo di forza.
E' tra i morti il mio giaciglio, sono come gli uccisi stesi nel sepolcro, dei quali tu non conservi il ricordo e che la tua mano ha abbandonato.
Mi hai gettato nella fossa profonda, nelle tenebre e nell'ombra di morte.
Pesa su di me il tuo sdegno e con tutti i tuoi flutti mi sommergi.
Hai allontanato da me i miei compagni, mi hai reso per loro un orrore.
Sono prigioniero senza scampo; si consumano i miei occhi nel patire.
Tutto il giorno ti chiamo, Signore, verso di te protendo le mie mani.
Compi forse prodigi per i morti? O sorgono le ombre a darti lode?
Si celebra forse la tua bontà nel sepolcro, la tua fedeltà negli inferi?
Nelle tenebre si conoscono forse i tuoi prodigi,
la tua giustizia nel paese dell'oblio?
Ma io a te, Signore, grido aiuto, e al mattino giunge a te la mia preghiera.
Perché, Signore, mi respingi, perché mi nascondi il tuo volto?
Sono infelice e morente dall'infanzia, sono sfinito, oppresso dai tuoi terrori.
Sopra di me è passata la tua ira, i tuoi spaventi mi hanno annientato,
mi circondano come acqua tutto il giorno, tutti insieme mi avvolgono.
Hai allontanato da me amici e conoscenti, mi sono compagne solo le tenebre.

Questo Salmo 88 rispecchia la vicenda di Gesù e chissà quante volte, pregandolo, ha pensato alle 'tenebre' e ai 'terrori' che lo avrebbero atteso nella notte del Suo arresto. E infatti nel Getsemani Gesù vive una profonda e lacerante solitudine, la cruda delusione degli affetti traditi e rinnegati, l'orrore della violenza accanita, l''infruttuosità' di un'intera esistenza donata agli altri, il senso di scandalo che avrebbero provato i Suoi, l'abisso della desolazione, l'obbrobrio della furia malefica, l'abbandono del Padre. Ancora: la tristezza, lo spavento, l'angoscia, il turbamento, il grido di dolore, le lacrime, lo sforzo accanito nella lotta contro le tenebre esistenziali e spirituali, l'inginocchiamento implorante pietà, la caduta a terra, la prostrazione, effetti somatici devastanti, spasmo cardiaco, l'incontro con la morte. In nessuno dei passaggi della descrizione della Passione fisica c'è un messaggio altamente drammatico come in questa prima tappa nel Getsemani. Gesù assume su di sé in quel momento tutto il disonore che deriva dalle sofferenze umane e che da sempre fanno gridare l'uomo nei confronti di Dio: *il suo furore mi dilania e mi perseguita, digrigna i denti contro di me; il mio avversario aguzza contro di me gli occhi ... Dio mi consegna ai malvagi ... i suoi dardi mi circondano da ogni parte, mi trafigge i fianchi senza pietà e versa a terra il mio fiele ... ho prostrato la fronte nella polvere. La mia faccia è rossa per il pianto e l'ombra mi vela le pupille* (16,9.11.13.15). Gesù, Uomo *in ogni cosa tranne il peccato* (Eb 4,15), prova intimamente la tormentata e irrisolvibile inquietudine dell'essere umano che viene a trovarsi di fronte al dramma del dolore e che escogita tutte le strategie possibili per non 'passare' attraverso esso. Diversi personaggi dell'AT hanno dovuto scontrarsi con il male e sono arrivati fino a desiderare la morte tanto erano insostenibili le loro pene e la loro amarezza. Mosè che si sente schiacciato dal peso di tutto il popolo su di lui, per ben due volte chiede al Signore di farlo morire (Nm 11,15); Elia al pensiero della persecuzione che gli sta per sopraggiungere per conto della regina Gezabele si augura di morire (1Re 19,4); Geremia è oggetto di oltraggi e persecuzioni a causa della Parola del Signore che lo ha reso motivo di *obbrobrio e beffa* e allora maledice il giorno in cui è nato (Ger 20,14-18); Giona, angustiato per il perdono concesso dal Signore ai niniviti, per due volte dice: *è meglio per me morire che vivere* (Gio 4,3.8); Giobbe dopo essere stato provato in tutto, ma risparmiato nella vita, esclama: *Perisca il giorno nel quale sono nato* (Gb 3,3); infine Tobi e Sara, futura sposa di Tobia, in contemporanea, seppur in luoghi distanti, pregano auspicando per se stessi che venga loro tolta la vita perché per motivi diversi si trovano a dover subire mali e oltraggi (Tb 3,6.13). In queste note figure bibliche c'è già tutto il disgusto umano verso l'esistenza tribolata, tuttavia, rispetto ad esse, Gesù non soccombe sotto il peso dello strazio, ma chiede ed ottiene di essere 'liberato dalla morte'. L'imponente supplizio del Getsemani si risolve infatti con la vita: Gesù è stato in procinto di morire, ma il Padre lo ha salvato dalla morte in virtù del *suo pieno abbandono a lui.* Gesù ha svolto un ruolo attivo perché ha desiderato la vita offrendo *preghiere e suppliche a Dio che poteva salvarlo da morte,* perché appunto venisse esaudito. E Gesù nel Getsemani ha avuto salva la vita!

La preghiera è stata esaudita

Nella notte dell'Evento del Getsemani Gesù ha pregato certamente più di un'ora perché quando torna la prima volta dai tre discepoli li rimprovera dicendo *non siete stati capaci di vegliare con me una sola ora?* Dunque, considerando che si è allontanato altre due volte, meno che si possa dire, un'altra mezz'ora o un'altra ora o altre due ore ha continuato a pregare. Ha pregato ed intimato la necessità di pregare soprattutto per richiedere il dono di saper affrontare le prove. E se nei Sinottici Gesù ha pregato per il superamento delle Sue prove tra i tormenti interiori, non diversamente è nel Vangelo secondo Giovanni dove è presentato turbato per il combattimento che deve affrontare per gettare fuori *il principe di questo mondo* (12,31). Come anche, se nei Sinottici ha chiesto di far passare il 'calice', in Giovanni ha provato esitazione ed è stato quasi incline a supplicare il Padre perché lo avesse liberato da quell''ora'. Ma Gesù ha poi accettato quell''ora' affinché per mezzo Suo venisse glorificato il Padre (12,28) e l'accettazione dell''ora' con questa finalità ha ricevuto la risposta teofanica dal cielo: *l'ho glorificato e di nuovo lo glorificherò*. Quindi, come dalla testimonianza dei Sinottici apprendiamo che la preghiera di Gesù ha ottenuto il Suo alzarsi e andare verso gli accusatori, nel Vangelo di Giovanni riconosciamo che la preghiera Gli ha ottenuto la Sua glorificazione. La Lettera agli Ebrei esplicita che l'esaudimento della preghiera di Gesù è consistito nel dono della vita. Gesù è stato infatti salvato dalla morte fisica lì nel Getsemani e Gesù è stato sottratto al potere della morte nel sacrificio della Croce.

L'umanità di Cristo

Nei Vangeli sinottici, in quello di Giovanni e nella Lettera agli Ebrei si evidenziano i due medesimi 'passaggi' che esprimono nella preghiera la resistenza al volere divino e la sua accoglienza come dallo schema riassuntivo:

Sinottici	*se possibile ...*	*ma sia fatto come tu vuoi*
Giovanni	*Padre salvami da quest'ora?*	*Ma proprio per questo sono giunto a quest'ora*
Lettera agli Ebrei	*egli offrì preghiere e suppliche, con forti grida e lacrime, a Dio che poteva salvarlo da morte*	*e, per il suo pieno abbandono a lui, venne esaudito*

In definitiva i due 'passaggi' non sono altro che le due realtà che si scontrano da sempre all'interno dell'essere umano: volontà umana e volontà divina. La preghiera è quindi una lotta! Pensiamo allora all'episodio della lotta notturna tra Giacobbe e un uomo cui poi lui attribuisce l'origine divina benché non gli riveli il nome. Esclama infatti: *ho visto Dio faccia a faccia, eppure la mia vita è rimasta salva*. A conclusione di questa lotta nella quale sono state coinvolte tutte le facoltà spirituali mentali e fisiche, Giacobbe è rimasto segnato indelebilmente dalle conseguenze del trauma al femore. Come leggiamo nel libro del profeta Osea (12,5) a proposito di Giacobbe, egli *lottò con l'angelo e vinse, pianse e domandò grazia. Ritrovò Dio in Betel e là gli parlò*. Sì, Giacobbe in virtù di questa lotta con Dio ha avuto impresso sul suo corpo una testimonianza tangibile, il destino a zoppicare per tutta la vita, ma ha vinto la lotta (anche perché poi conosciamo il seguito della storia). Questo episodio che Origene e san Girolamo interpretano come l'immagine del combattimento spirituale nonché dell'efficacia della preghiera insistente, manifesta legami con la 'notte' di Gesù come anche con la 'notte' di ogni uomo o donna che si accinge a 'lottare' con Dio.

Decidere di assecondare il volere divino significa ostacolare la libertà umana? Corrispondere alla volontà di Dio, vuol dire realizzare l'esistenza umana o limitarla? Potrebbe essere scontata la risposta, ma ritorniamo ... al Getsemani!

La preghiera dell'Evento del Getsemani nella sua prima parte di ognuna delle tre 'formule' (*se possibile passi*) evidenzia la resistenza che l'essere umano oppone a Dio. Gesù prova su di sé tutta l'ostinazione dell'uomo a seguire le sue inclinazioni, e quindi lotta pregando per ristabilire l'armonia tra la volontà umana e quella divina; quest'armonia l'uomo l'ha perduta con il peccato. Così facendo Gesù mostra agli uomini e alle donne che la realizzazione piena della vita è nell'adesione totale alla volontà divina. "La preghiera *non la mia, ma la tua volontà* (Lc 22,42) è veramente una preghiera del Figlio al Padre, nella quale l'umana volontà naturale è stata tratta totalmente dentro l'Io del Figlio, la cui essenza si esprime appunto nel «non io, ma tu» - nell'abbandono totale dell'Io al Tu di Dio Padre. Questo «Io», però, ha accolto in sé l'opposizione dell'umanità e l'ha trasformata, così che ora nell'obbedienza del Figlio siamo presenti tutti noi, veniamo tutti tirati dentro la condizione di figli" (J. Ratzinger, 182). Gesù ha realizzato ciò in virtù del Suo essere pienamente Uomo. Servendoci di brevi cenni, consideriamo allora quanto in merito all'Umanità di Gesù ha prodotto la riflessione cristiana.

I primi secoli del cristianesimo sono stati caratterizzati da un'accesa discussione teologica circa il mistero della natura umana del Figlio di Dio. Il Concilio di Calcedonia (451) si è a proposito così espresso: "Un solo e medesimo Cristo, Signore, Figlio unigenito, che noi dobbiamo riconoscere in due nature, senza confusione, senza mutamento, senza divisione, senza separazione. La differenza delle nature non è affatto negata dalla loro unione, ma piuttosto le proprietà di ciascuna sono salvaguardate e riunite in una sola persona e una sola ipostasi". In seguito la riflessione teologica ha ripreso e approfondito la questione dichiarando anche la presenza in Cristo di due volontà, divina e umana, non opposte, ma cooperanti (Cf. Concilio di Costantinopoli III del 681). Inoltre, la volontà fa parte della natura umana e la natura umana di Cristo non viene sminuita a causa dell'unione con il *Logos*, ma rimane integra (Cf. Massimo il Confessore). Il Nuovo Catechismo della Chiesa Cattolica offre a proposito una 'sintesi' che non possiamo non tener conto per il nostro studio: "Gesù ci ha conosciuti e amati, tutti e ciascuno, durante la sua vita, la sua agonia e la sua passione, e per ognuno di noi si è offerto: *Il Figlio di Dio mi ha amato e ha dato se stesso per me* (Gal 2,20). Ci ha amati tutti con un cuore umano" (478). Gesù a favore dell'umanità ha fatto quanto, secondo il Suo insegnamento nella parabola del Padre misericordioso, fa il Padre che si 'commuove' e agisce a favore dei Suoi figli. L'aggettivo greco 'commosso' deriva da un verbo (σπλαγχνίζομαι) che rimanda a quello veterotestamentario (רחם) che significa 'amare', 'avere pietà' fino allo scuotimento delle viscere delle quali prioritario è il cuore. Ebbene, in quel luogo sacro che è il Getsemani, Gesù prova compassione nel Suo cuore di Uomo fino a vivere il fenomeno *del sudore come di sangue* per l'umanità intera, cioè fino a fremere nell'intimo per essa, ed entrando nello stato di massima concentrazione, da combattente innamorato, non cede e vince! Comprendiamo quindi perché S. Tommaso d'Aquino all'inizio della parte della *Summa theologica* in cui parla di Gesù si esprime affermando: "L'umanità di Cristo è la nostra felicità" e spiega "*Ad hunc finem beatitudinis* / **Al loro destino di felicità** [perché questo, la felicità, è il destino dell'uomo: *ad hunc finem beatitudinis*] / *homines reducuntur per humanitatem Christi* / **gli uomini sono ricondotti attraverso l'umanità di Cristo**" (*Summa theologiae* III 9, 2). Questo, Gesù l'ha realizzato a pieno nell'Evento del Getsemani dove il Suo 'grado' di umanità ha raggiunto il livello più alto e la Sua volontà umana si è unita alla volontà del Padre restituendo all'essere umano la sintonia con Dio che aveva perso nel giardino dell'Eden. Tra i vari altri santi, anche Santa Teresa d'Avila si è tanto appassionata all'umanità di Gesù ed ha trovato in essa la 'chiave' per entrare nel cuore di Dio e ricavarne le grazie necessarie: "Ho sempre riconosciuto e tuttora vedo chiaramente che non possiamo piacere a Dio e da lui ricevere grandi grazie, se non per le mani della santissima umanità di Cristo, nella quale egli ha detto di compiacersi" (Vita XXII 6-7). Nella Passione l'umanità di Cristo è ferita sia nel corpo che nel cuore, ma tra le due realtà a soffrirne prima durante e 'dopo' è soprattutto il cuore. *L'insulto ha spezzato il mio cuore e vengo meno. Ho atteso compassione, ma invano, consolatori, ma non ne ho trovati* (Sal 68/69,21). Gesù Uomo si incontra faccia a faccia con l'umanità dei 'Suoi': la fragilità dei tre discepoli, il tradimento di Giuda, l'ostilità dei fratelli nella fede, il rinnegamento di Pietro, la sfacciata curiosità di Erode Antipa, la vigliaccheria di Pilato, la debolezza e passività della folla che lo richiede per la crocifissione, la frustrazione dei soldati sfogata mediante i dileggi, la rabbia del 'ladrone malvagio', l'ipocrisia degli accusatori sotto la croce. Il cuore d'Uomo di Gesù nel Getsemani soffre anche per l'umanità dei discepoli che sarà ferita nel vedere l'umanità di Cristo dilaniata dai carnefici. Per venire incontro all'umanità del gruppo ampio dei discepoli che sarà sconvolta dagli eventi della Passione, i tre 'privilegiati' discepoli ricorderanno l'estasi vissuta sul Tabor. Un testo della Liturgia bizantina recita a proposito: "Tu ti sei trasfigurato sul monte e, nella misura in cui ne erano capaci, i tuoi discepoli hanno contemplato la tua gloria, Cristo Dio, affinché, quando ti avrebbero visto crocifisso, comprendessero che la tua Passione era volontaria e annunziassero al mondo che tu sei veramente l'irradiazione del Padre". Certamente si sono serviti di quel ricordo nello spazio di tempo tra la crocifissione e la morte, altrimenti avrebbero rischiato di perdere la fede. Poi la gloria della risurrezione ha fugato qualsiasi tipo di incertezza di delusione e di sconforto.

Uno spazio particolare intendiamo darlo alla parte di umanità di Cristo trafitta dalla umiliazione subita dagli scherni e dalle ironie, anch'essa annunciata nella Sacra Scrittura, e iniziata già lì nel Getsemani e durata fino alla Crocifissione.

Nel libro del profeta Isaia (50,4-11) il 'terzo canto del servo' presenta le caratteristiche di un 'servo/discepolo' a cui il Signore ha "aperto l'orecchio", espressione quest'ultima che allude all'uso di forare l'orecchio del servo da parte del padrone. L''apertura' dell'orecchio era quindi il segno del legame che il servo aveva con il padrone per tutta la vita nonché la sua indole pronta ad 'ascoltare' ed eseguire i comandi accettando tutto quanto ne conseguiva. Così il 'servo' del Signore è indissolubilmente legato alla Parola del Signore, la asseconda e si sottopone alle sofferenze che sembrano essere necessarie per ottenere la salvezza. In questo caso, non sono considerate solo le sofferenze fisiche, ma anche gli oltraggi morali poiché questo servo dichiara di *non aver sottratto la faccia agli insulti e agli sputi.* Lo stesso motivo lo incontriamo anche nel Salmo 21/22 dove, nell'elencare le angosce di un innocente perseguitato, l'Autore mette al primo posto proprio gli oltraggi morali: *si fanno beffe di me, storcono le labbra, scuotono il capo* come a dire il disprezzo che nutrono nei suoi riguardi. Questa condizione di 'abbassamento', di rifiuto, come di chi è il peggior delinquente, Lui che era *in tutto uguale agli uomini fuorché nel peccato* (Eb 4,15), l'ha vissuto pienamente, Gesù che "*umiliò se stesso facendosi obbediente fino alla morte e alla morte di croce*" (la più infame delle condanne a morte). E allora ecco che i racconti evangelici presentano Gesù come agnello condotto al macello, come Colui che, silenzioso, si sottopone ai dileggi perché, dopo la prima risposta data a Pilato (*tu lo dici*) per riascoltare la voce di Gesù (almeno secondo la narrazione di Marco) dobbiamo attendere l'attimo prima della morte quando si rivolgerà al Padre con le parole del Salmo di cui sopra: *Dio mio, Dio mio, perché mi hai abbandonato?*. Nel Vangelo di Marco soprattutto si trova il compimento degli annunci del 'terzo canto del servo del Signore' e del Salmo 21/22 quando fa presente che *i passanti lo insultavano e, scuotendo il capo* lo provocano, quando narra che *anche i sommi sacerdoti con gli scribi, facendosi beffe di lui* lo deridevano. *E anche quelli che erano stati crocifissi con lui lo insultavano.* Ma sostiamo su un'umiliazione che ha dovuto subire: il denudamento. Gesù viene condotto nel cortile del palazzo di Pilato da parte dei soldati che, si sa (!), sfogavano la loro frustrazione e la loro rabbia sui prigionieri! È addirittura nominata "tutta la coorte", equivalente alla decima parte di una legione e cioè 600 soldati che dovevano vigilare in Gerusalemme. Non possiamo (forse) immaginare che un numero così alto di uomini possa aver oltraggiato Gesù, ma di certo la precisazione "tutta la coorte" sta ad indicare un'unanimità di assurdi intenti. E la descrizione continua facendo notare che Gesù viene vestito di porpora. Quindi hanno spogliato Gesù, per vestirlo di "porpora". La porpora era molto costosa e di fatto era usata per l'abbigliamento regale, quindi si può supporre che i soldati abbiano usato in realtà uno dei loro mantelli scarlatti (come riferisce Mt 27,28). Gesù, che già è stato flagellato, viene anche coronato nel capo con un casco spinoso e *con una canna gli percuotono il capo*. La follia ancora continua perché i soldati gli sputano addosso e con fare beffardo lo venerano inginocchiandosi innanzi ed insultandolo. A questo punto, di nuovo lo spogliano della 'porpora' e gli rimettono i suoi vestiti. E ancora lo ri-spoglieranno al momento della crocifissione (*si divisero le sue vesti*). Come si permette un uomo di spogliare con la forza un suo simile? C'era relazione tra l'essere spogliati e il concetto di 'maledizione'. Con l'atto dello spogliare si privava il condannato di qualsiasi rivendicazione di dignità. Veniva ufficialmente e pubblicamente dichiarato escluso dalla società e ritenuto una 'nullità'. Con tale gesto non solo veniva negata la vita fisica dell'individuo perché era chiaro che veniva ucciso violentemente, ma soprattutto gli veniva strappato il suo *status* di essere umano. Inoltre, Gesù è stato in croce deprivato delle sue vesti per sei ore perché Marco ci informa del denudamento e poi in modo preciso descrive il seguito (ora terza, sesta e nona) fino al momento della morte, momento preceduto dal sentirsi 'spogliato' anche della presenza divina (*... perché mi hai abbandonato?*).

Abbiamo voluto fare questo percorso anche attraverso la Passione morale per dire che nel Getsemani Gesù ha detto sì anche all'accoglienza su di sé dell'umanità offesa e deprivata della dignità. Gesù ha combattuto ed ha ottenuto la forza di non sottrarsi al 'calice' ed ha vissuto pienamente la Sua umanità, soprattutto, il Suo Cuore è riuscito a reggere tutto lo strazio e a non soccombere per amore del Padre e degli uomini. "Malgrado l'orrore che procura la morte nell'umanità tutta santa di colui che è l'«Autore della

Vita» (At 3,15), la volontà umana del Figlio di Dio aderisce alla volontà del Padre: per salvarci, Gesù accetta di portare i nostri peccati nel suo corpo «facendosi obbediente fino alla morte» (Fil 2,8), (CCC 121).

Con l'Evento del Getsemani Gesù testimonia la vittoria sulla morte e indica ad ogni uomo e ad ogni donna l'adesione libera al volere del Padre come via per la realizzazione della vita:

Ecco, io vengo.
Sul rotolo del libro di me è scritto,
che io faccia il tuo volere.

Mio Dio, questo io desidero.

(Salmo 39/40,8).

Bibliografia

T. BAARDA, «*Luke 22,42-47a. The Empereor Julian as a Witness to the Text of Luke*», in *Novum Testamentum* 30 (1998) 289-96.

P. BAIMA BOLLONE, *Gli ultimi giorni di Gesù*, Milano 1999.

R. BARBOUR, «Gethsemane in the Tradition of the Passion», in *New Testament Studies* 16 (1969/70, 231-251.

R. E. BROWN, «*The Lucan Authorship of Luke 22,43-44*», in *Society of Biblical Literature Seminar Papers* 31 (1992) 154-64.

G. CAPPELLETTO, *Giobbe. Incontrarsi con Dio nella sofferenza*, Collana *Dabar - Logos - Parola*, Padova 2015.

G. CAPPELLETTO - M. MILANI, *In ascolto dei profeti e dei sapienti. Introduzione all'Antico Testamento - Vol. II*, Collana *Studi religiosi*, Padova 2015.

C. CLIVAZ, *L'ange et la seur de sang* (Lc 22,43-44) *ou comment on pourrait bien encore écrire l'histoire*, Biblical Tools and Studies 7, Leuven 2010.

J. DUPLACY, *L'histoire la plus ancienne et la forme originale du texte en Luc 22,43-44*, in: ID., *Études de critique textuelle du Nouveau Testament*, (BETL 78), Louven 1987, 349-85.

B. D. EHRMAN - M. A. PLUNKETT, *The Angel and the Agony: The Textual Problem of Luke 22,43-44*, in *Catholic Biblical Quarterly* 45 (1983) 401-16.

A. FEUILLET, «*Le récit lucanien de l'agonie de Géthsémani* (*Lc XXII,39-46*)», in *New Testament Studies*, 22 (1976) 397-417.

M. GALIZZI, *Gesù nel Getsemani* (*Mc 14,32-42; Mt 26,36-46; Lc 22,39-46*), Brescia 1972.

G. G. GAMBA, *Il sudor di sangue di Gesù al monte degli ulivi* (*Lc 22,44*), in: F. VATTIONI (ed.), *Sangue e Antropologia Biblica. Atti della settimana* (Roma, 10-15 marzo 1980), vol. 1/II, Roma 1981, 689-713.

S. GRASSO, *Luca. Traduzione e commento*, Roma 1999.

J. B. GREEN, «*Jesus on the Mount of Olives* (*Luke 22,39-46*)*: Tradition and Teology*», in *Journal for the Study of the New Testament* 26 (1986) 29-48.

G. W. F. HEGEL, *Vita di Gesù*, Introduzione di Paolo Miccoli, traduzione di Anselmo Aportone, Edizione integrale, Roma 1995.

J. W. HOLLERON, *The Synoptic Gethsemane. A Critical Study*, (*AnGreg* 191), Roma 1973.

F. LA CAVA, *La passione e la morte di N. S. Gesù Cristo illustrate dalla scienza medica*, Napoli - M. D'Auria Edit. Pontificio 1953.

W. J. LARKIN, «*The Old Testament Background of Luke 22,43-44*», in *New Testament Studies* 25 (1978-79) 250-4.

X. LÉON-DUFOUR, «*Jésus à Gethsémani. Essai de lecture synchronique*», in *Science et Esprit* 31 (1979) 251-68.

M. LODS, «*Climat de bataille à Gethsémané*», in *Études theologiques et religieuses* 60 (1985) 425-29.

M. LLORRENTE, *42 giorni*, Milano 1998.

I. H. MARSHALL, «*The Resurrezione of Jesus in Luke*», in *Tyndale Bulletin* 24 (1973), 55-58.

R. MEYNET, *Il Vangelo secondo Luca*. Analisi retorica, Bologna 2003.

G. MICHELINI, «*La lotta di Gesù sul Monte degli Ulivi e la resistenza antiromana. Interpretazione di Lc 22,39-46 tra narrazione e pragmatica*», in *Convivium Assisiense* XVIII/2 (2016) 21-55.

G. MICHELINI, *Matteo*. Introduzione, traduzione e commento, San Paolo 2013.

G. MICHELINI, *Stare con Gesù, stare con Pietro. Gli esercizi spirituali predicati a Papa Francesco*, Assisi 2017.

L. MORRIS, *Il Vangelo secondo Luca*, Collana *Commentari Tyndale al Nuovo Testamento*, GBU 2003.

J. H. NEYREY, «*The Absence of Jesus'Emotions - the Lucan Redaction of Lk 22,39-46*», *Biblica* 61 (1980) 153-71.

J. H. NEYREY, *The Passion According to Luke: A Redaction Study of Luke's Soteriology*, New York 1985.

B. PASCAL, *Pensieri*, Bompiani, 2000.

K. O. SANDNES, *Early Christian Discourses on Jesus Prayer at Gethsemane: Courageous, Committed, Cowardly?*, Supplements to Novum Testamentum 166, Leiden - Boston 2016.

B. SAUNDERSON, «*Gethsemane: The Missing Witness*», in *Biblica* 70 (1989) 224-33.

G. SCHNEIDER G., «*Engel und Blutschweib* (*Lk 22,43-44*). *"Redaktionsgeschichte" in Dienste der Textkritik*», in *Biblische Zeitschrift* 20 (1976) 112-16.

E. SCHWEITZER, *Il Vangelo secondo Luca*, (Nuovo Testamento. Seconda serie), Brescia 2000.

D. SENIOR, *La Passione di Gesù nel Vangelo di Luca*, Milano 2001.

D. SENIOR, *La Passione di Gesù nel Vangelo di Matteo*, Milano 1990.

D. SENIOR, *La Passione di Gesù nel Vangelo di Marco*, Milano 1988.

D. M. STANLEY, *Jesus in Gethsemane*, New York 1980.

A. STÖGER, *Vangelo secondo Luca*, vol. 2, Roma 1981.

S. TOSTENGARD, «*Luke 22,39-46*», in *Interpretation* 34 (1980) 283-8.

INDICE

Printed by Books on Demand GmbH, Norderstedt / Germany